나무  문해력

초등 국어
1학년

.

나무 문해력 초등 국어 1학년
이해하고 판단하고 사용하고 참여하는 입체 문해력

초판 발행일   2025년 1월 10일

지은이   윤병무
펴낸곳   국수

등록번호   제2018-000158호
주소   경기도 고양시 일산동구 진밭로 36-124
전화   (031) 908-9293
팩스   (031) 8056-9294
전자우편   songwriter@kuksu.kr

© 윤병무, 2025, Printed in Goyangsi, Korea

ISBN 979-11-90499-64-4   74080
ISBN 979-11-90499-51-4   (세트)

나무 초등 국어 1학년 문해력

이해하고 판단하고 사용하고 참여하는

입체 문해력

윤병무 지음

국수

'나무 문해력' 초등 교과 시리즈를 내며

　문해력은 이제 국민의 관심사입니다. 왜 '문해력'에 큰 관심이 생겨
났을까요? 초중고 학생들뿐만 아니라 이미 대학 교육을 받은 성인조차
도 문해력이 미흡한 사람이 많은 까닭일 것입니다. 문해력이 미흡한 이
유는 글을 읽지 못하기 때문이 아닙니다. 글은 또박또박 읽어 내어도 글
에 담긴 내용은 제대로 이해하지 못하는 사람들이 적지 않습니다. 왜 그
럴까요? 그 까닭을 부족한 어휘력 때문이라고 진단한 책들도 있습니다.
틀린 지적은 아닙니다. 하지만, 어휘력이 향상되는 만큼 저절로 문해력
도 향상되는 것은 아닙니다. 글은 어휘의 나열이 아니라 문장과 문단으
로 이루어진 입체적 구조물일뿐더러, 때로는 글쓴이가 의도적으로 숨
긴 의미도 담고 있기 때문이며, 글에는 글쓴이의 감수성의 무늬가 새겨
진 문체도 있기 때문입니다. 그것을 종합적으로 알아차리고 독자의 의
견도 독서 반응으로 말과 글로 표현할 수 있는 능력이 바로 문해력입니
다.

그런데도 표준국어대사전을 찾아보면 '독해력'과 '문해력'의 뜻은 비슷합니다. 독해력은 '글을 읽어서 뜻을 이해하는 능력'이고, 문해력은 '글을 읽고 이해하는 능력'이랍니다. 이 뜻풀이는 독해력(讀解力)과 문해력(文解力)을 한자 뜻으로만 정의한 것입니다. 하지만 영어로는 독해력은 reading ability이며, 문해력은 literacy입니다. 그래서 영어로 독해력은 '읽기 능력'입니다. 그럼, 영어로 문해력은 무엇일까요? 영어사전에 literacy는 '글을 읽고 쓸 줄 아는 능력'이라고 나와 있습니다. 그런데 사실은 리터러시(literacy)의 개념은 그렇게 간단하지 않습니다.

　리터러시(literacy)의 개념, 즉 문해력 개념이 왜 간단하지 않은지 살펴보겠습니다. 첫째, 글을 읽는 활동은 '글의 내용을 이해하는 것'이 기본 목적입니다. 그래서 문해력의 첫 번째 의미는 '글을 이해하기'입니다. 둘째, 글을 읽는 활동은 독자에게 생각 거리를 줍니다. 글의 내용이 옳은지 그른지를 판단하게 하고, 글이 나아간 한계를 알아차리게 하고, 때로는 글의 내용을 비판도 하게 합니다. 그래서 문해력의 두 번째 의미는 '글을 판단하기'입니다. 셋째, 글을 읽는 활동은 읽은 글을 두루 사용할 기회를 줍니다. 읽은 글의 일부를 독자가 쓸 글에 옮기고 싶게 하기도 하며, 글 내용에 필요한 정보 가치가 있으면 누군가와의 대화에서 그것을 말하고 싶게 하기도 합니다. 그래서 문해력의 세 번째 의미는 '글을 사용하기'입니다. 넷째, 글을 읽는 활동은 그 글에 대하여 참여하게 합니다. 누리 소통망(SNS)에 글을 읽은 소감을 쓰거나, 학교에 제출할 보고서를 쓰는 활동이 그 사례가 되겠습니다. 그래서 문해력의 네 번째 의미는 '서술로써 참여하기'입니다.

　이렇게 문해력의 개념은 마치 네 갈래로 나뭇가지를 뻗은 나무와 같습니다. 그런데 방금 얘기한 문해력의 네 가지 개념은 제가 구분 지은 것이 아닙니다. 네 개념의 풀이는 제가 밝혔지만, 문해력을 네 가지 활동 능력으로 구분한 것은 2013년에 경제협력개발기구(OECD)에서 정의한 내용입니다. 즉 OECD는 국가별 국민들의 문해율을 조사한 보고서에서 문해력을 이렇게 정의했습니다. "문해력이란 글을 이해하고 판단하고 사용하고 참여하는 능력이다."(OECD, *OECD Skills Outlook 2013: First Results from the Survey of Adult Skills*, p. 59). 이 정의는 '문해력' 책을 기획하며 자료들을 찾아보던 저를 공감시켰습니다. 문해력이 그저 '글을 읽고 이해하는 능력'에 그친다면, 그것은 '독해력'과 별반 다르지 않은 개념일 텝니다. 그리고 문해력을 그렇게 협소한 뜻으로만 삼는다면 그런 태도는, 앞으로는 우리 사회가 버려야 할 주입식 교육, 수동적 학습, 경쟁의 척도로 쓰이는 상대 평가를 연장시킬 따름일 텝니다. 그래서 저는 문해력 책을 1차원적 개념으로 접근하고 싶지 않았습니다.

그리하여 이 책 각 장에 딸린 '문해력 테스트'는 OECD의 정의에 따라 구성했습니다. 즉, 각 장의 지문(글)에 대하여 ① 이해하기 활동, ② 판단하기 활동, ③ 사용하기 활동, ④ 참여하기 활동을 하도록 편성했습니다. 각 장의 지문은 초등 1학년 국어의 핵심 지식을 담고 있으며, 그 내용을 산문으로 풀어 썼습니다. 그 지문들을 이 책의 독자가 이해하고, 판단하고, 사용하고, 참여하도록 네 부문의 질문으로 내놓았습니다. 그리고 어린이 독자의 '글을 이해하는 능력'을 향상시켜 줄 창발적 방법론을 제시했습니다. 그것이 바로 이 책의 제목이 된 '나무 문해력' 익히기입니다. '나무 문해력' 시리즈는 글의 내용을 나뭇가지 모양의 도식으로 이해하는 방법을 전수하는 책입니다. 즉, 지문(글)을 구조적으로 읽어내어 그 뼈대를 나뭇가지로 그리면서 글의 내용을 맥락으로 이해할 수 있게 하는 방법이 그것입니다. 그러니 독자 여러분은 우선 각 장의 지문을 읽고, 그 지문에 딸린 나무 그림을 보고, 다시 그 지문 내용을 확인하면서 '나무 문해력'을 익히기 바랍니다.

　'답' 중에는 '정답'도 있고 '오답'도 있고, '적절한 답'도 있고 '부적절한 답'도 있습니다. 이 얘기는, 질문 중에는 '정답/오답'이 있는 질문도 있고, '적절한 답/부적절한 답'이 있는 질문도 있다는 말이기도 합니다. 그래서 모든 '답'은 '질문'을 따라다닙니다. 어떤 '질문'이냐에 따라 '답'은 '정답/오답' 또는 '적절한 답/부적절한 답'으로 나뉜다는 말입니다. 그중 '정답/오답'은 우리에게 익숙합니다. '적절한 답/부적절한 답'은 우리에게 익숙하지 않습니다. 이 책의 문해력 테스트 중에서 '참여하기'에 내놓은 질문들은 대개는 '적절한 답/부적절한 답'으로 구분될 질문입니다. '참여하기'란 '어떤 일에 끼어들어 관계하기'입니다. 그러니, '참여하기'에는 '정답/오답'보다는 '적절한 답/부적절한 답'이 더 자연스럽습니다. 독자가 '어떻게 참여하느냐'에 따라 그 독자의 문해력의 수준이 나타난다고 저는 생각합니다. 우리는 이미 AI(인공 지능)의 대답을 듣는 시대에 살고 있습니다. 그런데 AI의 대답은 질문을 어떻게 하느냐에 따라 다릅니다. 어찌하다 보니 이제는 질문하는 시대가 되었습니다. 질문은 참여하는 활동입니다. 이 책의 문해력 테스트 중에서 '참여하기' 활동은 적절히 대답하는 능력뿐만 아니라 적절히 질문하는 능력도 키워 주리라고 저는 생각합니다.

2024년 세밑에
지은이 윤병무

추천의 말

이형래

『읽었다는 착각』, 『문해력 교과서』 공저자
서울대학교 사범대학 부속 초등학교 교장 역임

초등 국어 교육에서 매우 중요한 주제가 있다. 그것은 '읽은 글을 이해하기'이다. 그래서 이 주제는 학년별 초등 국어 교과서에서 자주 다룬다. 이 교육 주제는 단원에 따라 다음과 같은 성취 목표를 갖는다: 이야기에서 사건이 일어난 차례를 살피는 것, 글에서 주요 내용을 찾는 것, 글에서 중심 문장과 뒷받침 문장을 찾는 것, 글에서 일어난 일의 인과관계를 살피는 것, 글에 나타난 글쓴이의 의견을 알아차리는 것, 글에서 생략된 내용을 짐작하는 것, 글의 흐름을 이해하는 것, 글의 내용을 간추리는 것, 글에서 '사실'과 '의견'을 구분하는 것, 글에서 등장인물의 마음을 짐작하는 것, 이야기에서 '인물·사건·배경'을 살피는 것, 글에서 문장의 짜임을 살피는 것, 읽은 글의 내용을 평가하는 것, 설명하는 글을 요약하는 것, 글의 내용을 추론하는 것 등이 그것이다.

그런데 이러한 교육 목표를 성취하려면 우선은 글쓴이가 글에 어떤 내용을 어떤 순서로 써 냈는지를 학생이 알아차려야 한다. 즉, '이 글은 이런 내용이 이런 순서로 쓰여 있구나!' 하고, 글을 읽은 학생이 글의 주요 내용을 간추릴 수 있어야 한다. 다시 말하면, 글을 읽은 학생이 그 글의 핵심을 짧은 문장으로 토막토막 적을 수 있어야 한다.

그러기 위한 가장 좋은 방법은 무엇일까? 나는 '나무 문해력 시리즈'에서 바로 그 최선의 방법을 발견했다. 즉, '나무 문해력'은 글의 요점을 나무 한 그루를 그려 가며 나뭇가지마다 적는 방법을 익힐 수 있게 유도해 주고 있다. 이 방법을 익히면 학업 성취도를 높이기 위하여 반드시 문해력을 갖추어야 하는 학생들에게 매우 유용한 습관이 될 것이다. 그런 의미에서 나는 '나무 문해력' 시리즈가 우리 초등학생들의 문해력 향상에 매우 바람직하게 작용할 것이라고 확신한다. 그래서, 추천한다!

이 책의 구성

지문 읽기

초등 1학년 국어 교과목의 단원별
핵심 지식을 산문으로 풀어 쓴
글입니다. 이 책에 담긴 그리 길지
않은 분량의 15편의 산문을 읽으면
초등 1학년 국어 교과서의 주요
내용을 이해할 수 있습니다. 서술형
지문 읽기는 문해력의 기초입니다.

나무 문해력 익히기

이 책의 '나무 문해력 익히기'는 다른
문해력 책들과 분명히 차별화한
기획입니다. '나무 문해력'은 글을
맥락으로 이해하는 방법입니다. 즉, '나무
문해력 익히기'는 독자가 글(지문)의
주요 내용을 나뭇가지 모양으로 그리며
글 전체를 구조화시켜 글의 짜임을
파악하는 인지 활동입니다. 이 활동을
익히면 어떤 글이든 전체적 뼈대를
이해하는 능력이 생깁니다.

문해력
테스트

이해하기
판단하기
사용하기
참여하기

이 책에 수록된 15편의 지문에 대한 문해력 테스트
활동입니다. 독자가 글의 내용을 이해하는지, 글을 어떻게
판단하는지, 글을 변형한 질문에 어떻게 답하는지, 글의
주제를 확장한 서술형 질문에 어떻게 답변하는지를 각각
테스트합니다. 테스트는 장마다 '이해하기(1, 2), 판단하기,
사용하기, 참여하기' 부문으로 구성되어 있습니다.

해답

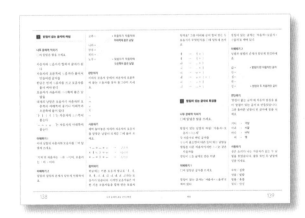

'정답'이 아닌 '해답'입니다.
'이해하기, 판단하기, 사용하기'의
질문들에 대하여는 옳은 답을
분명히 밝혔지만, '참여하기'의
서술형 질문은 '적절한 답',
또는 '바람직한 답'을 써 놓았기
때문입니다. 이 책의 지은이는,
'깊은' 문해력은 논리적 근거로써
활짝 열려 있다고 생각합니다.

차례

1

받침이 없는
글자의 짜임

1학기
글자를 만들어요

한글 글자는 자음자와 모음자로 짜여 있습니다. 한글의 기본 자음자는 열네 자입니다. 'ㄱ ㄴ ㄷ ㄹ ㅁ ㅂ ㅅ ㅇ ㅈ ㅊ ㅋ ㅌ ㅍ ㅎ'입니다. 한글의 기본 모음자는 열 자입니다. 'ㅏ ㅑ ㅓ ㅕ ㅗ ㅛ ㅜ ㅠ ㅡ ㅣ'입니다. 이런 자음자와 모음자가 합해지면 어떤 글자가 됩니다. 예를 들어, 자음자 'ㄱ'과 모음자 'ㅣ'가 합해지면 '기'라는 글자가 됩니다. 또 자음자 'ㅊ'과 모음자 'ㅏ'가 합해지면 '차'라는 글자가 됩니다. 이 두 글자, 즉 '기'와 '차'가 합해지면 '기차'라는 낱말이 됩니다.

그러고 보면 '기' 자와 '차' 자는 모두 자음자(ㄱ, ㅊ)의 오른쪽에 모음자(ㅣ, ㅏ)가 붙어서 글자가 만들어졌습니다. 이렇게 자음자의 오른쪽에 모음자가 붙어서 만들어진 글자들이 있습니다. 예를 들면,

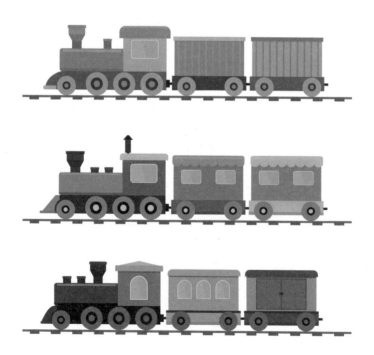

나무 문해력 초등 국어 1학년

'사이다, 커피, 바나나, 가지, 다시마, 거미, 나비, 하나, 나라, 자리, 피리' 등의 낱말들이 그렇습니다.

이렇게 한글은 반드시 자음자를 먼저 쓰고 그 자음자에 모음자를 붙여 써야 합니다. 그렇지 않으면 글자가 될 수 없습니다. 다시 말하면, 만약에 모음자를 먼저 쓰고서 자음자를 쓰면 글자가 되지 못합니다. '기차'를 'ㅣㄱㅏㅊ'라고 썼다면 그것은 아무런 글자도 아닙니다. 마찬가지로, '사이다'를 'ㅏㅅㅣㅇㅏㄷ'라고 썼다면 글자가 되지 못합니다. 이렇게 한글의 모음자는 자음자의 왼쪽에 붙여 쓰면 안 됩니다.

그러면, 한글의 모음자는 자음자의 오른쪽에만 붙여 쓰는 걸까요? 아닙니다. 한글 글자는 낱말에 따라 모음자가 자음자의

오른쪽에 붙기도 하고 아래쪽에 붙기도 합니다. 모음자가 자음자의
아래쪽에 붙은 낱말들은 '무, 고추, 부추, 노루, 소' 등이 있습니다.
그런데 이런 낱말은 일부러 찾아야 할 만큼 많지는 않습니다.
그래서 대개의 낱말은 모음자가 자음자의 오른쪽과 아래쪽에
이어서 붙거나 아래쪽과 오른쪽에 이어서 붙어 있습니다. 나무,
고구마, 토마토, 오이, 오리, 도마, 수저, 유리, 버스, 기타처럼 이런
낱말은 흔합니다.

　　　그럼, 어떤 모음자가 자음자의 오른쪽에 붙고, 어떤 모음자가
자음자의 아래쪽에 붙을까요? 알고 있는 낱말들을 머릿속에 가만히
떠올려 보세요. 기본 모음자 'ㅏ ㅑ ㅓ ㅕ ㅗ ㅛ ㅜ ㅠ ㅡ ㅣ' 중에서
'ㅏ ㅑ ㅓ ㅕ ㅣ'는 항상 자음자의 오른쪽에 붙습니다. 예컨대 '나비,
이야기, 여기, 기차, 허리' 등의 낱말들이 그렇습니다. 반면에 모음자
'ㅗ ㅛ ㅜ ㅠ ㅡ'는 항상 자음자의 아래쪽에 붙습니다. 예컨대 '우유,
주스, 포도, 호두, 모두' 등의 낱말이 그렇습니다. 한글 글자 중에서
받침이 없는 글자는 이렇게 짜여 있습니다.

□에 알맞은 말을 쓰세요.

'ㅗ ㅛ ㅜ ㅠ □'는 자음자의 아래쪽에 붙는다

'ㅏ ㅑ □ ㅕ ㅣ'는 자음자의 □□쪽에 붙는다

대개의 낱말은 모음자가 자음자의 오른쪽과 아래쪽에
붙거나 아래쪽과 오른쪽에 붙어 있다

모음자가 자음자의 □□쪽에 붙은 낱말들

한글은 먼저 □음자를 쓰고 모음자를 붙여 써야 한다

자음자의 오른쪽에 □음자가 붙어서 만들어진 글자들

자음자와 □음자가 합해져 글자가 된다

아래 낱말의 자음자와 모음자를 □에 알맞게 쓰세요.

'기차'의 자음자는 □ 과 □ 이며, 모음자는 ㅣ와 ㅏ이다.

낱말과 설명의 관계가 알맞게 연결하세요.

고추 •

나라 •   • 모음자가 자음자의 아래쪽에 붙은 낱말

부추 •

피리 •

노루 •   • 모음자가 자음자의 오른쪽에 붙은 낱말

판단하기

아래의 모음자 중에서 자음자의 오른쪽에 붙는 모음자를 찾아 동그라미 치세요.

ㅗ
ㅛ
ㅜ
ㅕ
ㅡ

사용하기

떼어 늘어놓은 아래의 자음자와 모음자를 알맞은 낱말이 되게끔 □에 붙여 쓰세요.

ㄱㅗㅁㅗㅂㅜ → □□□

ㄷㅐㄴㅏㅁㅜ → □□□

ㅌㅗㅁㅏㅌㅗ → □□□

한글에는 기본 모음자 말고도 'ㅐ, ㅔ, ㅒ, ㅖ, ㅘ, ㅙ, ㅚ, ㅝ, ㅞ, ㅟ, ㅢ'라는 모음자가 있습니다. 이러한 모음자들은 어떤 기본 모음자들을 합쳐 만든 모음자일까요? 그중 아래와 같이 합쳐 만든 두 모음자가 무엇인지를 □에 알맞게 쓰세요.

ㅔ　→　ㅓ + □

ㅖ　→　ㅕ + □

ㅘ　→　□ + ㅏ

ㅚ　→　□ + ㅣ

ㅝ　→　ㅜ + □

ㅞ　→　ㅜ + □ + □

ㅟ　→　□ + ㅣ

ㅢ　→　ㅡ + □

2

받침이 있는
글자의 특징들

1학기
받침이 있는 글자를 읽어요

한글 글자는 자음자를 먼저 쓰고 그다음에 모음자를 붙여 씁니다. 그래서 받침이 없는 글자는 자음자 하나와 모음자 하나로 짜여 있습니다. 예를 들면 '사자, 다리, 파, 무, 비누, 바다' 등의 낱말이 그렇습니다. 하지만 받침이 있는 글자는 이와는 다릅니다. 즉 받침이 있는 글자에서 받침은 반드시 자음자로 짜입니다. 그러므로 받침이 있는 글자는 '자음자+모음자+자음자'로 짜여 있습니다. 예를 들어 '강'은 'ㄱ+ㅏ+ㅇ'으로 짜인 글자입니다. 또 '산'은 'ㅅ+ㅏ+ㄴ'으로 짜인 글자입니다. 그런데 받침이 있는 글자 중에서 어떤 낱말은 두 자음자로 짜인 글자도 있습니다. 예를 들어 '값, 밖, 삯, 몫' 등의 낱말이 그렇습니다.

강=ㄱ+ㅏ+ㅇ

나무 문해력 초등 국어 1학년

받침이 없는 낱말과 받침이 있는 낱말에는 말뜻에도 차이가 있습니다. 다시 말하면, 받침이 없는 낱말에 자음자가 붙어서 받침이 있는 낱말이 되면 전혀 다른 뜻이 됩니다. 예를 들어, 받침이 없는 낱말 '소'에 'ㄴ' 받침이 붙으면 '손'이 되고, 'ㅁ' 받침이 붙으면 '솜'이 됩니다. 그리고 '파'에 'ㅌ' 받침이 붙으면 '팥'이 되고, 'ㄹ' 받침이 붙으면 '팔'이 됩니다. 마찬가지로, '벼/벽/볏', '무/문/물', '비/빗/빛', '바다/바닥', '겨우/겨울'도 받침이 붙으면서 전혀 다른 뜻의 낱말이 됩니다.

산=ㅅ+ㅏ+ㄴ

받침이 있는 글자를 읽을 때 나는 소리 중에는 받침은 다른 자음자이지만 소리는 같은 자음자들이 있습니다. 예를 들면, 'ㄱ과 ㄲ'이 그렇습니다. 받침이 ㄱ인 '낙타'와 받침이 ㄲ인 '낚시'를 소리 내어 읽으면 '낙'과 '낚'의 소리가 같습니다. 'ㄱ과 ㅋ'도 그렇습니다. '부엌'과 '기억'을 소리 내어 읽으면 '엌'과 '억'의 소리가 같습니다. 'ㅈ과 ㄷ'도 그렇습니다. '곶감'과 '곧장'을 소리 내어 읽으면 '곶'과 '곧'의 소리가 같습니다. 'ㅌ과 ㅊ'도 그렇습니다. '숱'과 '숯'은 소리가 같습니다. 'ㅂ과 ㅍ'도 그렇습니다. '집'과 '짚'은 소리가 같습니다.

이렇게 '받침이 있는 글자'를 살펴보면 '받침이 없는 글자'와는 다른 점이 많습니다. 그럼, 왜 받침이 있는 글자도 만들었을까요? 받침이 있는 글자로 낱말을 만들면 받침이 없는 글자로만 낱말을 만드는 것보다 훨씬 더 많은 낱말을 만들 수 있기 때문입니다.

□에 알맞은 말을 쓰세요.

받침이 ☐ 는
글자도 만든 까닭

받침은
다른 자음자이지만
☐☐ 는 같은 자음자들

☐☐ 이 붙으면서
다른 뜻이 되는 낱말들

두 자음자로 짜인 글자들

받침이 있는
낱말의 짜임:
'자음자+모음자+☐☐ 자'

2 받침이 있는 글자의 특징들

이해하기 1

□에 알맞은 글자를 쓰세요.

받침이 없는 글자는 '자음자+ □ 음자'로 짜여 있다.

받침이 있는 글자는 '자음자+모음자+ □ 음자'로 짜여 있다.

이해하기 2

낱말과 설명의 관계가 알맞게 연결하세요.

값 •   • 받침이 한 자음자인 글자
산 •
집 •
밖 •
강 •   • 받침이 두 자음자인 글자

판단하기

'받침이 없는 글자'에 자음자 받침을 붙여 '받침이 있는 글자'로 만들었습니다. 그중 올바른 낱말이 된 글자에 밑줄 치세요.

거미 → 거밒

사과 → 사괄

바다 → 바닥

벼 → 별

사용하기

같은 소리가 나는 자음자가 있는 두 낱말을 묶었습니다. 잘못 묶인 두 낱말에 밑줄 치세요.

수박 / 집밖

빗물 / 빛깔

밥풀 / 촛불

앞뒤 / 압정

'강'을 자음자와 모음자를 떼어 풀어 쓰면 'ㄱ+ㅏ+ㅇ'입니다. '산'을 자음자와 모음자를 떼어 풀어 쓰면 'ㅅ+ㅏ+ㄴ'입니다. 아래의 네 글자를 이와 같이 자음자와 모음자를 떼어 풀어 쓰세요.

값 → ㄱ + ☐ + ㅂ + ☐

삯 → ㅅ + ㅏ + ☐ + ☐

못 → ㅁ + ☐ + ☐ + ㅅ

3

쌍 자음자로 짜인
글자들

깡충깡충

한글 낱말들의 첫 글자는 자음자로 짜여 있습니다. 예컨대 '한글'이라는 글자에서 'ㅎ'과 'ㄱ'도 그렇고, '글자'라는 글자에서 'ㄱ'과 'ㅈ'도 그렇습니다. 하지만 어떤 글자는 첫 번째 자음자가 쌍 자음자로 짜여 있습니다. 예를 들면, '꽃, 빵, 쌀, 딸' 등의 낱말들이 그렇습니다. '꽃'의 첫 번째 자음자는 'ㄲ(쌍기역)'이며, '빵'의 첫 번째 자음자는 'ㅃ(쌍비읍)'이며, '쌀'의 첫 번째 자음자는 'ㅆ(쌍시옷)'이며, '딸'의 첫 번째 자음자는 'ㄸ(쌍디귿)'입니다. 그런가 하면, 두 자로 된 글자 중에서 두 번째 글자가 쌍 자음자로 짜여 있는 낱말도 있습니다. 예를 들면, '아빠, 잉꼬, 팔찌, 사또' 등의 낱말들이 그렇습니다. 이 낱말들에서 '빠, 꼬, 찌, 또'는 쌍 자음자 'ㅃ, ㄲ, ㅉ, ㄸ'으로 짜인 글자들입니다.

그런데 쌍 자음자로 짜인 낱말을 소리 내어 읽으면 다른 자음자로 짜인 낱말과는 다른 소리가 납니다. 그 다른 소리들에는 어떤 공통점이 있습니다. 그것은 'ㅃ, ㄲ, ㅉ, ㄸ'으로 짜인 글자들을 소리 내어 읽으면 'ㅂ, ㄱ, ㅈ, ㄷ'으로 짜인 글자들보다 더 강한 소리가 난다는 것입니다. 이를테면, '꽃'이 '곳'보다 더 강한 소리가 납니다. 또 '빵'이 '방'보다 더 강한 소리가 나며, '쌀'이 '살'보다 더 강한 소리가 나며, '딸'이 '달'보다 더 강한 소리가 납니다. 마찬가지로, '아빠'가 '아바'보다 더 강한 소리가 납니다. 또 '잉꼬'가 '잉고'보다 더 강한 소리가 나며, '팔찌'가 '팔지'보다 더 강한 소리가 나며, '사또'가 '사도'보다 더 강한 소리가 납니다.

그래서 몸짓이나 몸 상태를 흉내 내는 말 중에서 몸 상태를 강조하기 위해 쓰는 말에는 쌍 자음자인 'ㄲ, ㄸ, ㅃ, ㅉ'으로 짜인 글자들이 있습니다. 이를테면 '깡충깡충', '떼굴떼굴', '뽀글뽀글', '쫑알쫑알'이 그런 글자들입니다. 예를 들어 "캥거루가 깡충깡충 뛰어갔습니다."가 "캥거루가 강중강중 뛰어갔습니다."보다 더 힘찬 움직임을 나타낸 말입니다. 또한 "축구공이 떼굴떼굴 굴러갔습니다."가 "축구공이 데굴데굴 굴러갔습니다."보다 더 빠른 움직임을 나타낸 말입니다. 그리고 "엄마의 머리카락이 뽀글뽀글해졌습니다."가 "엄마의 머리카락이 보글보글해졌습니다."보다 더 머리카락이 많이 꼬부라진 상태를 나타낸 말입니다. 또, "누나가 친구에게 쫑알쫑알 말했습니다."가 "누나가 친구에게 종알종알 말했습니다."보다 더 누나의 말소리가 크고 빨랐음을 나타낸 말입니다. 그러므로 우리가 쌍 자음자로 짜인 글자를 읽을 때는 홑 자음자로 짜인 글자를 읽을 때보다 더 센 소리를 내어 읽어야 합니다.

□에 알맞은 말을 쓰세요.

쌍 자음자로 짜인
글자를 읽을 때는
센 소리를 내어 읽을 것

몸 상태를 강조하는
흉내 내는 말들:
깡충□충, □굴떼굴,
□글뽀글, 쫑알□알

□ 자음자로 짜인
낱말의 공통점: 강한 소리

첫 번째 자음자가
쌍 자음자로 짜
인 글자들

이해하기 1

첫 번째 자음자가 쌍 자음자로 짜여 있는 글자에 밑줄 치세요.

살

방

빵

달

이해하기 2

'ㅃ, ㄲ, ㅉ, ㄸ'로 짜인 글자가 아닌 낱말에 밑줄 치세요.

아빠

잉꼬

팔찌

사도

판단하기

화살표의 왼쪽 말보다 오른쪽 말이 더 센 소리가 나게끔 □에 알맞게 쓰세요.

종알종알 → □알□알

강중강중 → □충□충

보글보글 → □글□글

데굴데굴 → □굴□굴

사용하기

"햇볕에 수건이 보송보송하게 잘 말랐다." 이 말에서 '보송보송'을 더 센 느낌이 들도록 아래와 같이 바꾸려고 합니다. □에 알맞은 글자를 쓰세요.

"햇볕에 수건이 □송□송하게 잘 말랐다."

한 아이가 아래와 같이 일기를 썼습니다. 이 일기의 □□에 들어갈 두 글자는 모두 'ㄸ'으로 시작됩니다. 그 두 글자가 무엇일까요? 적절한 그 두 글자를 □□에 쓰세요.

> "엄마께 야단맞았다. 눈물이 났다. 내 무릎에 눈물이
> □□ 떨어졌다."

4

같은 종류인
낱말들

1학기
여러 가지 낱말을 익혀요

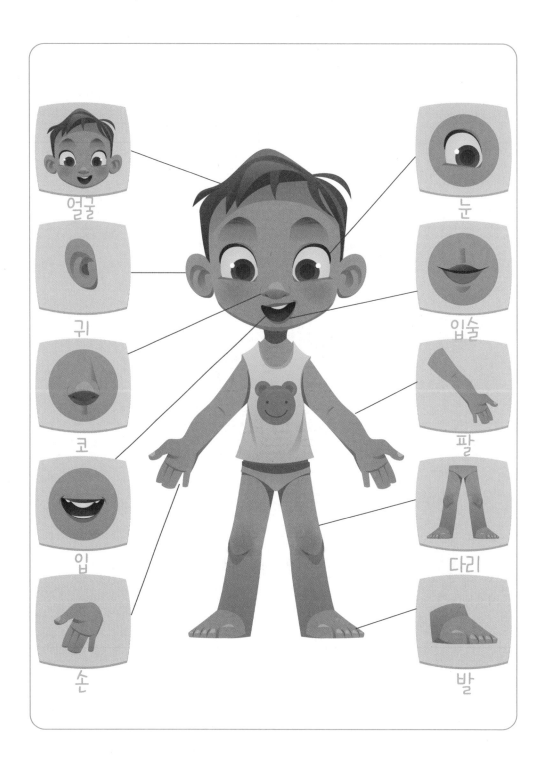

얼굴

귀

코

입

손

눈

입술

팔

다리

발

나무 문해력 초등 국어 1학년

한글의 낱말은 매우 많습니다. 자신이 알고 있는 수많은 낱말들을 생각해 보세요. '책, 장난감, 모자, 컴퓨터, 숟가락, 우산, 축구공, 의자, 신호등, 태권도, 버스, 텔레비전, 휴대폰, 신발, 엘리베이터, 휴지통, 휴게소, 아파트, 소나무……' 이런 낱말이 끝없이 머릿속에 떠오릅니다. 하지만 이런 낱말들은 같은 종류의 낱말 같지는 않습니다. 반면에 어떤 낱말들은 서로 관련이 있습니다. 그래서 그런 낱말들은 한데 무리 지을 수 있습니다. 예를 들면, '사과, 배, 감, 귤, 딸기, 수박, 참외, 자두, 살구, 복숭아, 포도, 오렌지, 바나나, 파인애플, 키위, 멜론, 블루베리, 자몽, 망고' 등이 그것입니다. 이 낱말들은 서로 어떤 관련이 있을까요? 이 낱말들은 모두 과일 종류에 포함되는 낱말들입니다.

그런가 하면 우리 몸의 일부분인 낱말들이 있습니다. '머리, 눈, 코, 입, 귀, 목, 가슴, 배, 팔, 손, 다리, 무릎, 발' 등이 그것입니다. 그리고 이 낱말들은 어떤 활동을 나타내는 말과 연결됩니다. 즉, 머리는 '생각한다'라는 말과 연결됩니다. 눈은 '본다'라는 말과 연결되고, 코는 '냄새 맡는다'라는 말과 연결됩니다. 입은 '먹는다' 또는 '말한다'라는 말과 연결됩니다. 귀는 '듣는다', 목은 '삼킨다', 가슴은 '숨 쉰다', 배는 '소화시킨다', 팔은 '뻗는다', 손은 '쥔다', 다리는 '걷는다', 무릎은 '굽힌다', 발은 '디딘다'라는 말과 연결됩니다. 그러므로, 손을 '듣는다'라는 말과 연결시키거나 다리를 '소화시킨다'라는 말과 연결시킨다면 그것은 잘못된 연결입니다.

음식의 종류인 낱말들도 있습니다. '비빔밥, 김치, 눌은밥, 떡볶이, 만두, 깻잎 장아찌, 라면, 스파게티, 생선구이, 김치찌개, 된장찌개, 계란말이, 콩나물국, 도라지 무침, 김밥, 햄버거, 피자, 사이다, 초콜릿, 아이스크림' 등이 그것입니다. 이 낱말들은 맛의 느낌을 나타내는 말과 연결됩니다. 예를 들면, '김치가 시다', '눌은밥이 구수하다', '떡볶이가 맵다', '만두가 뜨겁다', '생선구이가 비릿하다', '아이스크림이 시원하다', '초콜릿이 달다', '도라지 무침이 쓰다', '깻잎 장아찌가 짜다' 등은 음식 맛을 나타내는 말입니다. 그러므로 우리가 음식 맛을 말할 때도 적절히 표현할 수 있어야 합니다.

□에 알맞은 말을 쓰세요.

음식의 종류인 낱말들:
맛의 □□을
나타내는 말과 연결된다

몸의 일부분인 낱말들:
□□을 나타내는 말과
연결된다

과일 □□에 포함되는
낱말들

수많은 낱말이 있다

이해하기 1

과일의 종류에 포함되지 않는 낱말에 모두 밑줄 치세요.

딸기, 수박, 사과, 배추, 귤, 딸기, 참외, 자두, 열무,
복숭아, 포도, 오이, 오렌지, 바나나

이해하기 2

아래의 낱말에 어울리는 활동을 찾아 선으로 연결하세요.

귀 •   • 말한다

입 •   • 본다

눈 •   • 듣는다

코 •   • 디딘다

발 •   • 냄새 맡는다

판단하기

음식과 그 음식의 맛을 적절히 표현한 말에 밑줄 치세요.

우리 집 김치는 담근 지 오래되어 맛이 신선하다.
떡볶이 맛은 항상 싱겁다.
눌은밥은 누룽지를 끓인 밥이어서 구수하다.
생선구이는 불에 구워서 맵다.

사용하기

친구들과 어울려 축구를 하려고 합니다. 축구와 관련된 낱말들을 □에
알맞게 써 넣으세요.

축 □ 공
□ 동화
운 □ 장
축구 골 □

참여하기

'연필, 색연필, 볼펜, 사인펜, 만년필, 붓.' 이 낱말들은 어떤 활동을 하는 데 사용하는 물건들일까요? 스스로 생각하여 쓰세요.

5

상황에 알맞은
인사말들

1학기
반갑게 인사해요

우리는 매일 누군가를 만납니다. 잠자리에서 일어나면 엄마 아빠를 만나고, 학교 가는 길에는 동네 이웃들을 만납니다. 학교에 가면 친구들과 선생님을 만나고, 수업을 마치고 집으로 돌아올 때는 문구점 주인아저씨나 다른 이웃들과 마주칩니다. 이렇게 사람들을 만날 때마다 아이들은 어떻게 행동할까요? 잠자리에서 일어난 어떤 아이는 졸린 눈으로 말없이 세면대로 걸어갑니다. 학교 가는 길에 이웃을 만난 어떤 아이는 그 사람을 못 본 척하며 눈길을 돌립니다. 복도에서 선생님을 만난 어떤 아이는 고개를 숙인 채 지나칩니다. 반면에, 잠자리에서 일어난 어떤 아이는 "엄마, 안녕히 주무셨어요?" 하며 인사합니다. 또, 아파트 승강기 안에서 이웃을 만난 어떤 아이는 이웃에게 "안녕하세요!"라며 인사합니다. 그 인사를 받은 이웃 어른은 웃으며 칭찬합니다. "인사 잘하는 씩씩한 아이구나!"

이렇게 만나는 사람에게 인사하면 몇 가지 좋은 점이 있습니다. 첫 번째는 인사를 하면 기분이 좋아진다는 것입니다. 인사를 받는 사람도 기분이 좋아지고, 인사를 하는 사람도 기분이 좋아집니다. 인사를 받는 사람은 왜 기분이 좋아질까요? 인사를 하는 사람이 인사를 받는 사람에게 예의를 차렸기 때문입니다. 그럼 인사하는 사람은 왜 기분이 좋아질까요? 인사를 받은 사람도 인사한 사람에게 똑같이 예의를 차려 인사하기 때문입니다. 그래서 두 번째로 좋은 점이 생깁니다. 그것은 인사를 주고받음으로써, 그 두 사람의 사이가 가까워진다는 점입니다. 두 사람의 사이가 가까워진다는 말은 두 사람이 서로 친해진다는 뜻이기도 합니다. 사람과 사람끼리 예의를 지키며 상대할 때 그 두 사람은 친해지는 것입니다.

인사말은 어떻게 하는 게 좋을까요? 인사말을 할 때 알아차려야 할 것이 두 가지 있습니다. 하나는 상대가 누구인지를 알아차리는 것이며, 다른 하나는 상황이 어떠한지를 알아차리는 것입니다. 다시 말하면, 인사말은 우선 상대가 누구냐에 따라 달라집니다. 인사를 받을 사람이 친구인지, 선생님인지에 따라 인사말이 달라집니다. 그 사람이 친구라면, "안녕?" 하며 편히 말하면 됩니다. 그 사람이 선생님이라면, "선생님, 안녕하세요?" 하며 공손히 높임말로 인사해야 합니다(높임말은 상대를 높여서 하는 말입니다). 그리고 인사말을 할 때는 상황이 어떠한지도 알아차려야 합니다. 친구에게 좋은 일이 생겼습니다. 그러면 그 친구를 만났을 때 "축하해!"라는 한마디가 인사말이 될 수 있습니다. 그러면 그 친구는 "안녕?"이라는 평소 인사말 대신에 "고마워!"라고 말하는 것도 상황에 맞는 인사말이 됩니다. 마찬가지로, 집에 돌아온 아이가 엄마에게 "학교 다녀왔습니다!"라고 말하는 것도 상황에 맞는 인사말입니다.

나무 문해력 익히기

□에 알맞은 말을 쓰세요.

- 인사말을 할 때 알아차릴 것 ①: 상대가 □□인지를 알아차릴 것
- 인사말을 할 때 알아차릴 것 ②: □□이 어떠한지 알아차릴 것
- 인사하면 좋은 점 ①: 기□이 좋아진다
- 인사하면 좋은 점 ②: 두 사람이 가까워진다
- 사람들을 만난 아이의 행동 ①: 인사하지 □는 아이
- 사람들을 만난 아이의 행동 ②: 인사하는 아이

이해하기 1

만나는 사람에게 인사하면 좋은 점이 있습니다. 그 좋은 점에 대해 잘못 말한 내용에 밑줄 치세요.

인사를 받은 사람의 기분이 좋아진다.
인사를 한 사람의 기분이 좋아진다.
인사를 받은 사람만 기분이 좋아진다.
인사를 주고받은 두 사람의 사이가 가까워진다.

이해하기 2

인사말을 주고받으면 두 사람이 서로 가까워집니다. 그 까닭으로 알맞은 말을 □에 쓰세요.

인사말을 한 사람도, 인사말을 □은 사람도 서로에게
예 □를 차렸기 때문이다.

판단하기

친구에게 좋은 일이 생겼습니다. 그 사실을 알고 그 친구를 만났습니다. 그때 하는 인사말로 적절하지 않는 내용에 밑줄 치세요.

"축하해!"

"네가 잘 해 낼 줄 알았어!"

"가족 모두 기뻐했겠구나!"

"운이 좋았구나!"

"오! 대단한걸!"

사용하기

인사말로 어울리는 말을 찾아 선으로 연결하세요.

아이가 친구에게 •　　　　　• "안녕하세요?"

아이가 선생님께 •　　　　　• "고마워."

아이가 할머니께 •　　　　　• "학교 다녀오겠습니다."

아이가 엄마에게 •　　　　　• "생신 축하드립니다."

길에서 이웃 어른을 만난 창수는 그 이웃 어른을 못 본 척했습니다. 복도에서 선생님을 만난 슬기는 고개를 숙인 채 지나쳤습니다. 그랬던 창수와 슬기가 어느 날부터는 이웃 어른과 선생님께 "안녕하세요!" 하며 씩씩하게 큰 목소리로 인사말을 하기 시작했습니다. 이 사례를 보면 인사말을 하면 또 다른 좋은 점이 있습니다. 앞의 글에는 나타나 있지 않은 또 다른 좋은 점은 무엇일까요? 스스로 생각하여 쓰세요.

문장 부호와
쉬어 읽는 기호

한글 문장을 쓸 때는 띄어쓰기를 알맞게 해야 합니다. 그렇지 않으면 엉뚱한 문장이 되어 버립니다. 예컨대, 띄어쓰기를 전혀 하지 않은 '친구가방에들어갔다.'라는 문장이 있습니다. 이 문장은 띄어쓰기를 어떻게 하느냐에 따라 문장의 뜻이 달라집니다. 즉, 이 문장은 다음과 같이 띄어쓰기를 할 수 있습니다. '친구가 방에 들어갔다.' 반면에 다음과 같이 띄어쓰기를 할 수도 있습니다. '친구 가방에 들어갔다.' 이 두 문장의 뜻이 어떤가요? 그렇습니다. 이 두 문장의 뜻은 전혀 다릅니다. 그러므로 문장을 쓸 때는 띄어쓰기를 잘 해야 합니다.

문장을 읽을 때도 알맞게 띄어 읽어야 합니다. 특히 '문장 부호'가 있는 곳에서는 더욱 잘 띄어 읽어야 합니다. 문장 부호는

'글의 내용을 잘 나타내기 위하여 쓰는 여러 표시'입니다. 그러므로 문장 부호는 문장의 중요한 역할을 합니다. 대표적인 문장 부호는 '쉼표(,) 마침표(.) 물음표(?) 느낌표(!)'입니다. 그중 쉼표(,)는 누군가를 부르는 말이나 물건들을 나란히 이르는 말 뒤에 붙여 씁니다. 예컨대, "선생님, 질문 있습니다" 또는 "시장에서 사과, 배, 감을 샀습니다"와 같은 문장 속에 씁니다. 마침표(.)는 설명하는 문장 끝에 붙여 씁니다. 예컨대, "피노키오가 웃었습니다."와 같은 문장의 끝에 씁니다. 물음표(?)는 묻는 문장 끝에 붙여 씁니다. 예컨대, "오늘이 며칠이지?"와 같은 문장의 끝에 씁니다. 느낌표(!)는 느낌을 나타내는 문장 끝에 붙여 씁니다. 예컨대, "꽤 재밌어!"와 같은 문장의 끝에 씁니다.

이러한 문장 부호가 있는 글을 읽을 때는 적절히 쉬어 읽어야 합니다. 문장에서 쉼표(,) 다음에는 조금 쉬어 읽습니다. '조금 쉬어 읽는 기호'는 ∨입니다(기호는 글자 대신 어떤 뜻을 나타내려고 쓰는 표시입니다). 문장에서 마침표(.)와 물음표(?)와 느낌표(!) 다음에는 쉼표(,)보다 조금 더 쉬어 읽어야 합니다. '조금 더 쉬어 읽는 기호'는 ∨∨입니다. 왜 쉼표(,)보다 마침표(.)와 물음표(?)와 느낌표(!) 다음에 조금 더 쉬어 읽을까요? 쉼표(,)는 문장이 끝나는 곳에 붙지 않지만, 마침표(.)와 물음표(?)와 느낌표(!)는 문장이 끝나는 곳에 붙기 때문입니다. 한 문장이 끝났으므로 조금 더 쉬어 읽는 것입니다.

그럼, 실제로 문장에 ∨와 ∨∨를 표시해서 띄어 읽어 봅시다. 예컨대, 이런 문장이 있습니다. "얘들아, 내일 함박눈이 내린대! 그러면 나는 운동장에서 눈사람을 만들고 싶어. 너희는 어때?" 이 문장에 ∨와 ∨∨를 표시를 하면 이렇습니다. "얘들아, ∨내일 함박눈이 내린대!∨∨그러면, ∨나는 운동장에서 눈사람을 만들고 싶어.∨∨너희는 어때?∨∨" 이렇게 문장 부호와 쉬어 읽는 기호를 잘 익혀 두면 글을 읽을 때 알맞게 띄어 읽을 수 있습니다.

나무 문해력 익히기

□에 알맞은 말을 쓰세요.

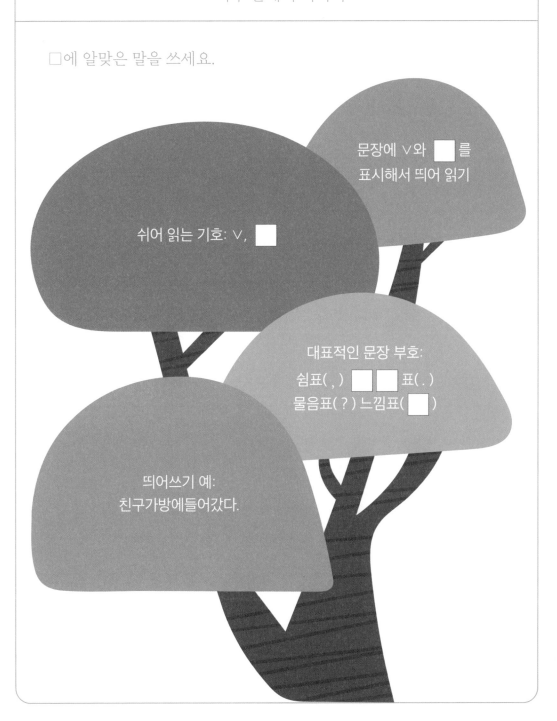

문장에 ∨와 □를
표시해서 띄어 읽기

쉬어 읽는 기호: ∨, □

대표적인 문장 부호:
쉼표(,) □□표(.)
물음표(?) 느낌표(□)

띄어쓰기 예:
친구가방에들어갔다.

이해하기 1

'문장 부호 이름'과 '문장 부호'를 알맞게 선으로 연결하세요.

쉼표 •   • .

마침표 •   • ?

물음표 •   • !

느낌표 •   • ,

이해하기 2

'쉬어 읽는 기호'와 '쉬어 읽는 기호 이름'을 알맞게 선으로 연결하세요.

∨ •   • 조금 쉬어 읽는 기호

∨ •   • 조금 더 쉬어 읽는 기호

판단하기

아래의 문장에 있는 문장 부호의 이름을 □에 알맞게 쓰세요.

"축하해! 네가 해 낼 줄 알았어."   □□ 표 / □□ 표

"아, 너도 알고 있었니? 고마워."   □ 표 / □□ 표 / □□ 표

"물론이지! 좋은 일은 널리 알려야 해."   □□ 표 / □□ 표

"부끄러워. 내가 운이 좋았을 뿐이야!"   □□ 표 / □□ 표

사용하기

아래 문장에 '쉬어 읽는 기호'를 알맞게 □에 표시하세요.

"엄마야, □ 누나야, □ 강변 살자. □
너, □ 이렇게 시작하는 시를 아니? □"

"응, □ 이 시를 노래로도 부르잖아! □
아! □ 정말로 아름다운 노래야. □ 안 그래? □"

아래의 문장에는 '문장 부호'가 빠져 있습니다. 이 문장에 넣어야 할 적절한 문장 부호를 □에 알맞게 표시하세요.

"얘들아 □ 창밖을 봐 □ 함박눈이 내리기 시작했어 □ 너무 신나지 않니 □"

7

쌍받침과
문장의 짜임

'엄마가 내 머리를 묶어 주었습니다. 아침밥을 맛있게 먹었습니다. 칫솔에 치약을 묻혀 이를 닦았습니다. 책가방을 메고 집을 나섰습니다.' 이 네 문장에는 같은 자음자가 겹쳐서 된 받침이 들어간 글자들이 있습니다. 다시 한 번 자세히 읽으며 그런 받침을 찾아보세요. 그 받침은 '묶, 었, 있, 닦, 았, 섰'입니다. 이렇게 'ㄲ, ㅆ'처럼 같은 자음자가 겹쳐서 된 받침을 '쌍받침'이라고 합니다. 쌍받침은 거의 모든 문장에서 볼 수 있을 만큼 매우 흔한 받침입니다. '있다, -었다, -았다, 갔다, 섰다, 잤다, 탔다'로 끝나는 문장이 많기 때문입니다. 그뿐 아니라, 쌍받침이 들어간 낱말도 많습니다. '낚다, 낚시, 낚싯대, 닦다, 닦달하다, 묶음, 묶다, 밖, 깎다, 섞다' 등의 글자들이 그것입니다.

나무 문해력 초등 국어 1학년

그런데 쌍받침 글자는 그 글자와 같은 소리가 나는 홑받침(하나의 자음자로 이루어진 받침) 글자와 낱말 뜻이 다릅니다. 즉, '있다'와 구별되는 '잇다'는 '연결하다'는 뜻이고, '았다'와 구별되는 '앗다'는 '빼앗다'라는 뜻입니다. 또, '묶다'와 구별되는 '묵다'는 '오래된 상태가 되다'라는 뜻이며, '밖'과 구별되는 '박'은 조롱박 같은 '덩굴 풀'의 한 종류입니다. 그러므로 'ㄲ, ㅆ'이 들어가는 쌍받침 글자는 읽고 쓸 때마다 잘 구별하여 사용해야 합니다.

그럼, 쌍받침 글자가 들어간 문장을 써 볼까요? '그는 낚시를 좋아했다.' 이 문장에는 '낚시'에 'ㄲ'이 있고, '했다'에 'ㅆ'이 있습니다. 그런데 이 문장은 세 덩이로 짜여 있습니다. 즉 그것은

'① 그는 ② 낚시를 ③ 좋아했다.'입니다. 낚시를 한 사람은
누구인가요? '그'입니다. 그가 한 것은 무엇인가요? '낚시'입니다. 그는
낚시를 어찌 했나요? '좋아했습니다.' 이렇게 스스로 묻고 대답해 보면
기본 문장은 '누가 / 무엇을 / 하다'로 짜여 있음을 알 수 있습니다.
다음 문장도 읽겠습니다. '우리 가족은 기차를 타고 여수에 갔다.' 이
문장도 세 덩이로 짜여 있습니다. 즉 그것은 '① 우리 가족은 ② 기차를
타고 ③ 여수에 갔다.'입니다. 이 문장도 짜임을 알아보려고 묻고
대답해 보겠습니다. 여수에 간 사람은 누구인가요? '우리 가족'입니다.
여수에 갈 때 무엇을 탔나요? '기차를 탔습니다.' 우리 가족이 기차를
타고 어디에 갔나요? '여수에 갔습니다.' 이런 기본 문장의 짜임을
이해하고 있으면 어떤 문장이든 더 잘 읽을 수 있고, 더 잘 쓸 수
있습니다.

□에 알맞은 말을 쓰세요.

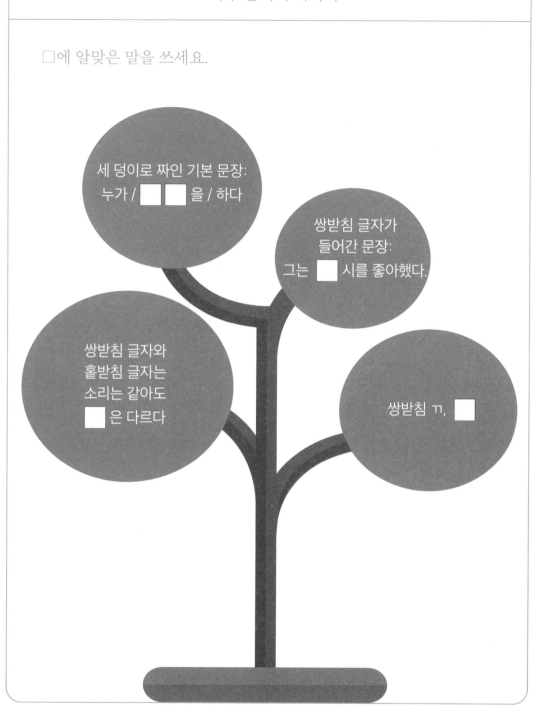

세 덩이로 짜인 기본 문장:
누가 / □□ 을 / 하다

쌍받침 글자가
들어간 문장:
그는 □ 시를 좋아했다.

쌍받침 글자와
홑받침 글자는
소리는 같아도
□ 은 다르다

쌍받침 ㄲ, □

이해하기 1

'ㄲ, ㅆ'처럼 같은 자음자가 겹쳐서 된 받침을 어떤 받침이라고 하나요?
□에 알맞은 글자를 쓰세요.

□ 받침

이해하기 2

홑받침 글자에는 붉은색 밑줄을 치고, 쌍받침 글자에는 파란색 밑줄을
치세요.

묶어
재밌게
묵다
닦았습니다
빼앗다

판단하기

쌍받침 글자가 들어간 문장에 밑줄 치세요.

엄마가 매일 내 머리를 빗어 줍니다.

나는 아침밥을 적게 먹고 싶습니다.

항상 칫솔에 치약을 짜 얹습니다.

오늘은 학교에 책가방을 두고 왔습니다.

사용하기

낱말 앞이나 낱말 사이에 번호를 붙여 아래의 문장을 세 덩이로 나누세요.

아빠와 나는 축구를 가장 좋아한다.

아래 문장의 짜임을 알아보려고 묻고 대답했습니다. 그 물음과 대답에
알맞은 말을 □에 쓰세요.

　　　엄마는 영화 보기를 가장 좋아한다.

누가 영화 보기를 가장 좋아하나요?　　　→ □□

엄마는 무엇 하기를 가장 좋아하나요?　　　→ □□ 보기

엄마는 영화 보기를 어떻게 생각하나요?　→ 가장 □□ 한다

흉내 내는 말

무언가를 그럴듯하게 흉내 내는 사람들이 있습니다. 어떤 아이는 오리가 뒤뚱거리며 걷는 모습을 잘 흉내 냅니다. 산속에 사는 어떤 사람은 새 소리를 비슷하게 흉내 내어 실제로 새를 부르기도 합니다. 또 어떤 개그맨은 유명한 정치인이나 가수의 목소리를 곧잘 흉내 냅니다. 그런데 이렇게 무언가를 흉내 내려면 그 대상의 특징을 잘 알아차려야 합니다. 그 특징은 때로는 어떤 모양이고, 때로는 어떤 소리입니다. 다시 말하면, 어떤 모양과 어떤 소리는 무언가의 특징이 되는 것입니다. 그래서 무언가의 특징을 잘 살피면 그것의 모양이나 소리를 잘 흉내 낼 수 있습니다.

낱말에도 흉내 내는 말들이 있습니다. 한글에는 모양을 흉내 내는 말들이 많습니다. 예를 들어, '울긋불긋'은 짙거나 옅은 여러 빛깔이 한데 뒤섞여 있는 모양을 흉내 내는 말입니다. '살랑살랑'은 차갑지 않은 바람이 가볍게 자꾸 부는 모양을 흉내 내는 말입니다.

주렁주렁

나무 문해력 초등 국어 1학년

'주렁주렁'은 열매 같은 것이 많이 매달려 있는 모양을 흉내 내는 말입니다. '옹기종기'는 작은 것들이 고르지 않게 많이 모여 있는 모양을 흉내 내는 말입니다.

한글에는 소리를 흉내 내는 말들도 많습니다. 예를 들어, '뻐꾹뻐꾹'은 뻐꾸기의 울음소리를 흉내 내는 말입니다. '삐악삐악'은 병아리가 자주 내는 소리를 흉내 내는 말입니다. '째깍째깍'은 시곗바늘이 움직이는 소리를 흉내 내는 말입니다. 그리고 '주룩주룩'은 굵은 물줄기가 빠르게 흐르거나 빗물이 쏟아지는 소리를 흉내 내는 말입니다. '푸드덕푸드덕'은 큰 새가 힘차게 날개를 치는 소리를 흉내 내는 말입니다. 그런데, '주룩주룩'과 '푸드덕푸드덕'은 소리뿐만 아니라, 모양을 흉내 내는 말이기도 합니다. '뚜벅뚜벅'도 뚜렷하게 걸어가는 소리나 모양을 흉내 내는 말입니다.

삐악삐악

그런데 이렇게 소리를 흉내 내는 말 중에는 '뻐꾹뻐꾹'처럼 동물의 이름과 비슷한 말들이 많습니다. 소쩍새가 우는 소리를 흉내 내는 '소쩍소쩍'도 그렇고, 개구리와 맹꽁이의 울음소리를 흉내 내는 '개골개골'과 '맹꽁맹꽁'도 그렇습니다. 또, 매미가 우는 소리를 흉내 내는 '맴맴'도 그렇고, 귀뚜라미의 울음소리를 흉내 내는 '귀뚤귀뚤'도 마찬가지입니다. 생각해 보면, 이런 동물의 이름을 지을 때 그 동물이 내는 소리를 듣고 지은 것이 틀림없습니다.

개골개골

나무 문해력 초등 국어 1학년

나무 문해력 익히기

□에 알맞은 말을 쓰세요.

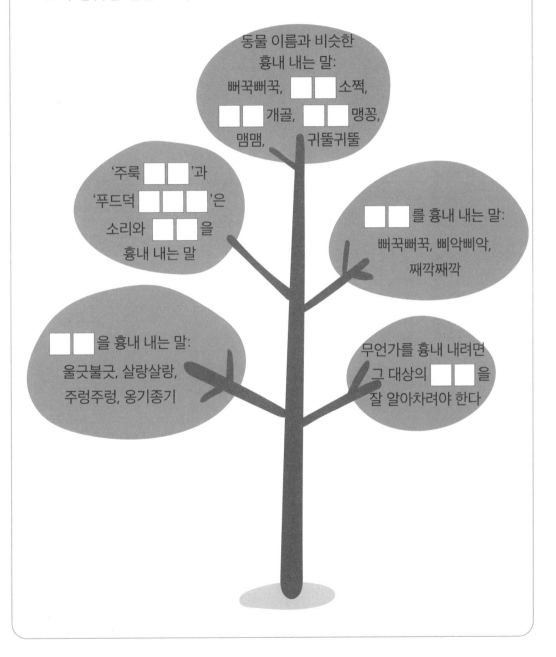

동물 이름과 비슷한
흉내 내는 말:
뻐꾹뻐꾹, □□ 소쩍,
□□ 개골, □□ 맹꽁,
맴맴, 귀뚤귀뚤

'주룩 □□'과
'푸드덕 □□□'은
소리와 □□을
흉내 내는 말

□□를 흉내 내는 말:
뻐꾹뻐꾹, 삐악삐악,
째깍째깍

□□을 흉내 내는 말:
울긋불긋, 살랑살랑,
주렁주렁, 옹기종기

무언가를 흉내 내려면
그 대상의 □□을
잘 알아차려야 한다

이해하기 1

'모양을 흉내 내는 말'과 '소리를 흉내 내는 말'이 서로 알맞게 선으로 연결하세요.

모양을 흉내 내는 말 •

                    • 째깍째깍
                    • 주렁주렁
                    • 귀뚤귀뚤
                    • 옹기종기

소리를 흉내 내는 말 •

                    • 소쩍소쩍

이해하기 2

'소리를 흉내 내는 말'이 아닌 낱말에 모두 밑줄을 치세요.

뻐꾹뻐꾹, 삐악삐악, 울긋불긋, 째깍째깍, 주룩주룩,
푸드덕푸드덕, 소쩍소쩍, 개골개골, 살랑살랑, 맹꽁맹꽁,
맴맴, 귀뚤귀뚤

판단하기

두 낱말 뜻을 읽고, 그 뜻풀이에 알맞은 '흉내 내는 말'을 □에 쓰세요.

굵은 물줄기가 빠르게 흐르거나 빗물이 쏟아지는 소리와
모양을 흉내 내는 말: □□□□

큰 새가 힘차게 날개를 치는 소리와 모양을 흉내 내는 말:
□□□□□□

사용하기

아래의 일기에서 알맞은 '흉내 내는 말'을 □에 쓰세요.

엊그제 외할머니의 고양이가 새끼를 낳았단다. □□
야옹 하는 새끼 고양이의 소리를 빨리 듣고 싶다. 여름
방학이 끝나기 전에 만나고 싶다. 오늘 아침에는 매미가
□□ 울었고, 바람이 살랑 □□ 불었다. 벌써 가을이
오려나 보다. 추석이 되면 나뭇잎들이 울긋 □□ 해지
고, 대추나무에는 대추가 주렁 □□ 열릴 것이다.

아래의 설명에 어울리는 '흉내 내는 말'을 □에 써 보세요.

여름밤의 천둥소리: □□□ □□

캄캄한 밤하늘에 보이는 별빛 모양: □□□□

토끼가 뛰어가는 모양: □□□□

할아버지께서 큰소리로 웃는 소리: □□

글쓴이가
하고 싶은 말 찾기

2학기
낱말을 정확하게 읽어요

어느 날 한 초등학생이 이런 일기를 썼습니다.

제목: 단발머리

오늘은 일요일. 아빠와 함께 미용실을 다녀왔다. 내 긴 머리가 단발머리가 되었다. 아빠가 말씀하셨다. "단발머리가 더 예쁘구나. 긴 머리보다 단정하잖아." 나는 거울을 여러 번 보았다. 나는 길었던 머리가 더 예뻤던 것 같다. 아빠는 퇴근하시면 매일 밤에 내 머리를 감겨 주시고, 머리를 말려 주신다. 요즘 엄마가 병원에 입원하셔서 아빠께서 집안 살림을 도맡아 하신다. 나는 머리 감을 때는 눈이 맵지만, 그래도 내일부터는 나 혼자 머리를 감고, 젖은 머리도 혼자 말려야겠다. 겨울 방학이 지나면 새 학년이 될 테니 말이다.

이 일기에서 글쓴이(글을 쓴 사람)가 하고 싶은 말은
무엇일까요? 그것은 글에 나타난 글쓴이의 생각을 찾으면
알아차릴 수 있습니다. 앞의 일기에 나타난 글쓴이의 생각을
찾아봅시다. 먼저, 일기 제목을 봅시다. '단발머리'입니다. 글쓴이는
길었던 머리가 단발머리로 바뀐 날에 대한 이야기여서 제목을
'단발머리'라고 붙였습니다. 단발머리가 된 글쓴이가 어떤 생각을
하게 되었습니다. 그 생각은 일기에 나타나 있습니다. "그래도 나는
길었던 머리가 더 예뻤던 것 같다."입니다. 아빠는 단발머리가 더
예쁘다고 했지만, 글쓴이는 못마땅합니다. 그런데, 이어서 글쓴이는
아빠가 아픈 엄마 대신 매일 머리를 감겨 주고 말려 주는 일을
생각합니다. 그래서 글쓴이는 이튿날부터는 스스로 머리를 감고
말리겠다고 다짐합니다. 바로 그 생각이 글쓴이가 이 일기에서

하고 싶은 말입니다. 글쓴이가 그런 생각을 할 수 있었던 것은 엄마를 대신하여 집안 살림을 하는 아빠에 대한 안쓰러운 마음에서 비롯되었습니다.

이렇게, 글을 읽고 글쓴이가 하고 싶은 말을 찾으려면 글에 나타난 글쓴이의 생각을 발견해야 합니다. 그러려면 글에서 몇 가지를 살펴 읽으면 좋습니다. 첫째는 글의 제목을 살펴 읽으면 좋습니다. 글의 제목은 글을 대표하는 말을 쓰기도 하고, 글의 중요한 내용을 넌지시 알리는 말을 쓰기도 하고, 앞의 일기처럼 어떤 사건의 시작을 나타내는 말을 쓰기도 합니다. 그래서 어떤 글의 제목에는 글쓴이가 하고 싶은 말이 직접 드러나 있습니다. 둘째는 줄거리의 흐름을 살펴 읽으면 좋습니다. 글에는 줄거리가 있습니다. 그 줄거리를 이해해야 글의 중요한 흐름을 알아차릴 수 있습니다. 글의 중요한 흐름에 글쓴이의 생각도 흘러갑니다. 셋째는 글의 줄거리에서 글쓴이가 힘주어 하는 말을 발견하는 것입니다. 그 말은 글마다 다릅니다. 하지만 글에서 글쓴이가 하고 싶은 말은 글쓴이가 힘주어 하는 말입니다. 그 말이 글쓴이의 생각입니다.

나무 문해력 익히기

□에 알맞은 말을 쓰세요.

글쓴이의 생각을 발견하는 방법 3:
글쓴이가 힘주어 하는 □ 을 발견하기

글쓴이의 생각을 발견하는 방법 2:
줄거리의 □□ 읽기

글쓴이의 생각을 발견하는 방법 1:
□□ 살피기

일기에 나타난
글쓴이의 □□ 찾기

예를 든 일기

이해하기 1

앞의 글에서 예를 든 일기의 제목은 무엇인가요? □에 쓰세요.

□□□□

이해하기 2

앞의 글의 일기에서 글쓴이는 자신을 포함하여 세 사람을 이야기했습니다. 글쓴이를 제외한 나머지 두 사람은 누구누구인가요? □에 쓰세요.

□□
□□

판단하기

앞의 글의 일기에 글쓴이가 다짐한 생각이 쓰여 있습니다. 그 문장에 밑줄 치세요.

그래도 나는 길었던 머리가 더 예뻤던 것 같다.
겨울 방학이 지나면 새 학년이 될 테니 말이다.
내일부터는 나 혼자 머리를 감고, 머리도 혼자 말려야겠다.
내 긴 머리가 단발머리가 되었다.

사용하기

앞의 글의 일기를 아래와 같이 바꿔 썼습니다. 이 일기에서 글쓴이가 하고 싶은 말로 알맞은 문장에 밑줄 치세요.

아빠가 말씀하셨다. "단발머리가 더 예쁘구나. 긴 머리보다 단정하잖아." 나는 거울을 여러 번 보았다. 그래도 나는 길었던 머리가 더 예뻤던 것 같다.

나의 바뀐 단발머리가 마음에 든다.
나는 내 모습을 거울에 자주 비추어 본다.
나는 단발머리보다 긴 머리를 하고 싶다.

앞의 글의 일기에서 글쓴이는 이렇게 썼습니다. "내일부터는 나 혼자 머리를 감고, 젖은 머리도 혼자 말려야겠다." 그 글쓴이는 왜 이런 생각을 하게 되었을까요? 그 까닭을 생각하여 쓰세요.

10

그림일기

2학기
그림일기를 써요

우리는 매일 비슷한 하루를 보내는 것 같지만, 가만히 생각해 보면, 매일 조금씩 다른 경험을 하거나 새로운 생각을 하면서 살아갑니다. 비슷하지만 다른 일들이 우리의 생활에서 나타납니다. 예컨대, 지난밤에 가을비가 내린 아침에는 날씨가 부쩍 쌀쌀해졌습니다. 그리고 하룻밤 사이에 거리에는 낙엽들이 많이 떨어져 있습니다. 이 사실을 알아차린다면 어제와 오늘이 다르다는 것을 알 수 있습니다.

어제와 다른 오늘을 공책에 기록하는 활동이 있습니다. 그것은 '일기 쓰기'입니다. 일기는 겪은 일이나 생각과 느낌을 날마다 적은 기록입니다. 그림일기는 하루에 있었던 어떤 경험을 글로도 적고, 그림으로도 그려 놓은 기록입니다. 그래서 그림일기는 일기의 내용이 그림으로도 표현되어 있습니다.

나무 문해력 초등 국어 1학년

그림일기에는 어떤 내용이 들어갈까요? 그림일기에는
날짜와 요일과 날씨가 표시되어야 합니다. 그것은 그림일기를
언제 쓰고 그렸는지를 표시해 두려는 것입니다. 어느 날의
그림일기를 한 달이나 몇 년 지나서 다시 읽어 볼 수도 있으니까요.
그리고 그림일기에는 하루에 일어난 일에 대한 생각과 느낌이
글로 나타나야 합니다. 또 글과 어울리는 그림도 그려야 합니다.
그림일기의 그림은 글과 어울리게 그려야 합니다.

　　그림일기의 좋은 점은 무엇일까요? 그것은 첫째, 하루
동안 어떤 일들이 일어났는지를 알 수 있어서 좋습니다. 둘째,
그림일기를 글로 쓰고 그림으로 그리는 동안에 그날 일어난 일들에
대하여 되돌려 생각할 수 있어서 좋습니다. 그러고 나면, 그 생각과
느낌이 며칠이 지나도 기억나서 좋습니다. 평소에 하는 생각은

이튿날이면 잊어버리곤 합니다. 하지만, 어떤 생각과 느낌을 글로
쓰고, 그림으로 그리면 머릿속에 오래 남기 마련입니다.

그림일기는 어떤 순서로 쓰고 그릴까요? 첫째, 그림일기를 쓰기
전에 하루 동안 겪은 일들을 머릿속에 떠올려 봅니다. 둘째, 기억에
남는 일을 골라 봅니다. 그중에서 마음속에 남은 일이 그날 일기의
내용이 되면 좋습니다. 이렇게, 글로 쓰고 그림으로 그릴 내용이
정해지면, 먼저 날짜와 요일을 적고, 날씨도 표시합니다. 어쩌면
그날 날씨가 그날 일기의 내용이 될 수도 있습니다. 학교에 우산을
안 가져가서 하굣길에 비를 맞았을 수도 있으니까요.

그림일기를 쓰고 그릴 때 꼭 지켜야 할 것이 있습니다. 그것은
그림일기를 거짓으로 쓰고 그리면 안 된다는 것입니다. 사실이 아닌
이야기를 지어내면, 그것은 일기가 아니라 상상으로 지어 낸 동화나
소설이 될 것입니다. 일기는 오늘의 나를 되돌아보게 하고, 내일을
계획하게 해 주는 아주 훌륭한 친구입니다.

□에 알맞은 말을 쓰세요.

그림일기를 쓸 때
지켜야 할 것

그림일기를 쓰는 □□

그림 □□의 좋은 점

그림일기에
들어가야 하는 내용

일기와 그림 □□

어제와 오늘은
비슷하면서도 다르다

이해하기 1

'하루에 있었던 어떤 경험을 글로도 적고, 그림으로도 그려 놓은 기록'을 무엇이라고 하나요? □에 쓰세요.

□□□□

이해하기 2

그림일기를 쓰고 그리면 좋은 점에 모두 밑줄 치세요.

하루 동안 어떤 일들이 일어났는지를 알 수 있어서 좋다.
그림일기 숙제를 검사 받을 수 있어서 좋다.
그날 일어난 일들에 대하여 되돌려 생각할 수 있어서 좋다.
심심한 시간을 그림일기를 쓰면서 때울 수 있어서 좋다.

판단하기

그림일기에 들어갈 내용으로 알맞지 않은 문장에 밑줄 치세요.

날짜와 요일과 날씨를 표시한다.

하루에 일어난 일에 대한 생각과 느낌을 글로 나타낸다.

그림일기는 항상 먼저 그림부터 그리고 나서 글을 쓴다.

일기장에 쓴 글과 어울리는 그림도 그린다.

사용하기

한 아이가 아래와 같은 그림일기를 썼습니다. 이 일기에 어떤 그림을
그리면 좋을까요? 적절하지 않은 그림 설명에 밑줄 치세요.

밤사이 가을비가 내렸다. 날씨가 쌀쌀해졌다. 아침 등굣길에 낙엽들
이 많이 떨어져 있었다.

길거리에 떨어진 낙엽들을 그린 그림

운동장에 고인 빗물을 그린 그림

푸른 새싹이 돋아나는 나무를 그린 그림

아래의 일기가 완성되도록 □에 글을 쓰고 그림도 작게 그려 보세요.

날짜: 20 □□ 년 □ 월 □ 일

요일: □ 요일

날씨: □□

화창한 오늘은 내 생일이다. 우리 가족은 내 생일에는 꼭 중국집에서 밥을 먹는다. 올해도 그랬다. 아빠는 항상 짜장면을 주문하시고 엄마는 짬뽕을 주문하신다. 나는 둘 다 좋아해서 아빠의 □□ 면과 엄마의 □□ 을 덜어 먹는다. 그리고 탕수육은 엄마, □□ 와 함께 나누어 먹는다. 음식점 사장님이 오늘이 내 □□ 인 것을 아시고 군만두를 무료로 내어 주셨다. 무척 배부른 하루였다.

11

이야기에서
사건이 일어난 차례

나무 문해력 초등 국어 1학년

이런 옛날이야기가 있습니다.

옛날 궁궐에 신기한 맷돌이 있었다. 이 맷돌은 원하는 것을
말하면 그것을 나오게 해 주는 보물이었다. 한낮에 이 이야기를 들은
도둑이 한밤에 그 맷돌을 훔쳐 배를 타고 바다로 도망갔다. 바다에서
도둑은 맷돌을 시험해 보았다. 옛날에는 소금이 매우 귀했다. 도둑이
맷돌을 돌리며 말했다. "소금이 쏟아져 나와라!" 정말 맷돌에서
소금이 쏟아져 나왔다. 도둑은 기쁨에 빠져 맷돌을 멈출 생각을 못
하였다. 그사이 소금이 배에 가득 찼고 그 무게를 견디지 못해 배가
바닷속에 가라앉았다. 맷돌은 바다 밑바닥에서도 멈추지 않고 계속
소금을 쏟아내었다. 그래서 바닷물은 짜게 되었다.

이 옛날이야기에는 사건이 일어납니다. (1) 그것은 어떤
사건인가요? (2) 그 사건은 누가 일으키나요? (3) 그 사건에는
무엇이 등장하나요? (4) 그 사건은 어떻게 끝맺나요? 이 질문에
대하여 앞의 옛날이야기로 대답해 봅시다. (1) 이 이야기의 사건은
왕궁의 신기한 맷돌이 도둑맞는 일입니다. (2) 그 맷돌을 훔친
사람은 도둑입니다. (3) 배와 바다가 등장합니다. (4) 많은 소금을
견디지 못한 배가 바다에 가라앉습니다. 맷돌은 바닷속에서도 계속
소금을 쏟아냅니다. 그래서 바닷물은 짜졌습니다.
이렇듯, 모든 이야기에는 어떤 사건이 일어나고, 그 사건에
등장하는 인물도 나타나고, 사건이 이어지는 흐름도 생겨서, 마침내

이야기의 끝맺음도 있습니다. 그래서 독자가 사건을 따라가며 읽으면 이야기의 순서를 잘 간추릴 수 있습니다. 이야기에서 사건이 일어난 차례는 이야기 속에서 시간의 흐름을 따릅니다.

앞의 옛날이야기에서 시간의 흐름에 따라 일어난 사건의 차례는 이렇습니다. ① 한낮에 도둑이 왕궁에 신기한 맷돌이 있다는 이야기를 듣습니다. ② 한밤에 도둑이 왕궁에 들어가 그 맷돌을 훔칩니다. ③ 곧바로 도둑은 맷돌을 들고 배를 타고 바다로 도망갑니다. ④ 도둑이 맷돌을 돌리며 소금을 내놓으라고 말합니다. ⑤ 맷돌에서 소금이 쏟아져 나옵니다. ⑥ 많은 소금의 무게를 못 이겨 배가 가라앉습니다. ⑦ 바닷속에서도 맷돌은 계속 소금을 쏟아냅니다. ⑧ 그래서 바닷물이 짜졌습니다. 이렇게, 이야기에서 시간의 흐름에 따라 일어난 사건을 구분 지어 읽으면 그 이야기에서 사건이 일어난 차례를 알아차릴 수 있습니다.

나무 문해력 익히기

□에 알맞은 말을 쓰세요.

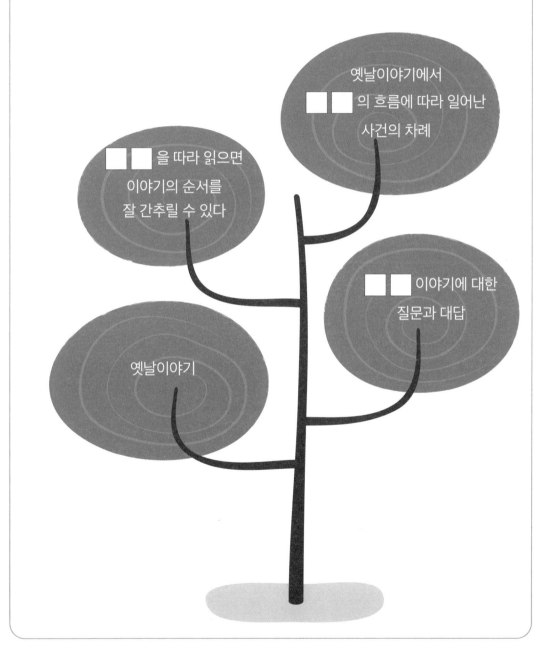

옛날이야기에서
□□의 흐름에 따라 일어난
사건의 차례

□□을 따라 읽으면
이야기의 순서를
잘 간추릴 수 있다

□□ 이야기에 대한
질문과 대답

옛날이야기

이해하기 1

앞의 옛날이야기에서 도둑이 왕궁에 들어간 까닭은 무엇인가요? 알맞은 설명에 밑줄 치세요.

임금을 만나고 싶어서
신기한 맷돌을 구경하려고
신기한 맷돌을 훔치려고
바닷물을 소금물로 만들려고

이해하기 2

앞의 옛날이야기에서 일어난 사건의 차례를 □에 번호로 쓰세요.

☐ 도둑이 왕궁에 들어가 맷돌을 훔친다
☐ 배가 바닷속에 가라앉는다
☐ 바닷물이 짜졌다
☐ 도둑은 배를 타고 바다로 도망간다
☐ 맷돌에서 소금이 쏟아져 나온다

나무 문해력 초등 국어 1학년

판단하기

도둑이 탄 배가 바다에 가라앉게 된 까닭은 무엇일까요? 알맞은 설명에 밑줄 치세요.

배에 요술 맷돌을 실었기 때문에
맷돌이 도둑을 혼내 주려고 요술을 부렸기 때문에
쏟아지는 소금의 무게를 배가 견디지 못했기 때문에
용왕이 도둑을 벌주려고 큰 파도를 일으켰기 때문에
맷돌이 임금의 명령만 따랐기 때문에

사용하기

앞의 옛날이야기의 끝부분에 이어서 보태는 글을 썼습니다. 이에 적절한 문장에 밑줄 치세요.

도둑은 잠수하여 맷돌을 꺼내 바다를 헤엄쳐 건넜다.
도둑이 일부러 맷돌을 바다에 빠뜨린 것이다.
그래서 사람들은 바다에서 소금을 얻을 수 있게 되었다.
오늘날에도 소금은 맷돌에서만 나온다.

앞의 옛날이야기에 나오는 맷돌과 「알라딘과 요술 램프」는 비슷한 점
도 있고 다른 점도 있습니다. 비슷한 점은 무엇이고, 다른 점은 무엇인
가요? 간단히 쓰세요.

12

물건을 셀 때 쓰는
낱말들

물건을 셀 때 쓰는 낱말들이 있습니다. 그중 가장 많이 쓰는 낱말은 '개'입니다. 구슬을 셀 때는 '한 개, 두 개, 세 개'라고 씁니다. 크지 않은 과일이나 야채를 셀 때도 '개'라고 씁니다. 사과 한 개, 오이 두 개, 감자 세 개라고 씁니다. 하지만 어떤 물건들을 셀 때는 '개'라고 쓰지 않습니다. 예컨대, 큰 과일인 수박을 셀 때는 '한 개, 두 개, 세 개'라고 쓰지 않고, '한 통, 두 통, 세 통'이라고 씁니다. 이렇게 '통'은 속이 가득 차게 자란 배추나 수박을 셀 때 쓰는 낱말입니다. 종이를 셀 때도 '한 개, 두 개, 세 개'라고 쓰지 않고 '한 장, 두 장, 세 장'이라고 씁니다. '장'은 종이처럼 얇고 넓적한 물건을 셀 때 쓰는 낱말입니다. 반면에 여러 장의 종이 묶음으로 만들어진 책을 셀 때는 '한 권, 두 권, 세 권'이라고 씁니다. 또한 연필을 셀 때는 '한

나무 문해력 초등 국어 1학년

자루, 두 자루, 세 자루'라고 쓰며, 자동차나 자전거를 셀 때는 '한 대, 두 대, 세 대'라고 씁니다.

　그런가 하면, 두 개로 이루어진 물건을 셀 때 쓰는 낱말도 있습니다. 예컨대, 신발과 양말은 두 개로 이루어진 물건입니다. 그러한 신발과 양말을 셀 때는 '한 켤레, 두 켤레, 세 켤레'라고 씁니다. 켤레는 짝이 되는 두 개로 이루어진 물건을 셀 때 쓰는 낱말입니다.

　두 마리의 생선이나 여러 개가 달린 과일과 꽃을 셀 때 쓰는 낱말들도 있습니다. 그것은 '손'과 '송이'입니다. 그중 '손'은 한 손에 잡을 만한 분량을 셀 때 쓰는 낱말입니다. 고등어 두 마리를 함께 셀 때는 '한 손, 두 손, 세 손'이라고 합니다. 그러니까 시장에서

"고등어 한 손에 얼마예요?"라고 말하는 것은 "고등어 두 마리에 얼마예요?"라고 말하는 것과 같은 뜻입니다. 그런가 하면 '송이'는 꼭지 달린 꽃이나 열매를 셀 때 쓰는 낱말입니다. 그래서 장미 스무 송이, 포도 세 송이, 바나나 한 송이라고 씁니다.

이 밖에도 물건을 셀 때 쓰는 낱말들은 다양합니다. 콜라는 한 병, 두 병이라고 쓰고, 커피는 한 잔, 두 잔이라고 쓰며, 밥이나 국은 한 그릇, 두 그릇이라고 씁니다. 비닐에 담긴 과자는 한 봉지, 두 봉지라고 쓰고, 고양이나 개는 한 마리, 두 마리라고 쓰며, 나무는 한 그루, 두 그루라고 씁니다.

물건에 따라서 그 수량을 셀 때 쓰는 낱말이 다른 까닭은 무엇일까요? 그것은 물건의 크기와 모양의 특징에 있습니다. 그 특징은 예컨대 크기가 크고 속이 가득 찼다거나, 얇고 넓적한 물건이라거나, 식물에 꼭지가 달렸다거나, 봉투에 담겼다거나 하는 물건마다의 특징이 그 특징에 어울리는 기준이 되는 낱말로 쓰게 된 것입니다.

나무 문해력 초등 국어 1학년

□에 알맞은 말을 쓰세요.

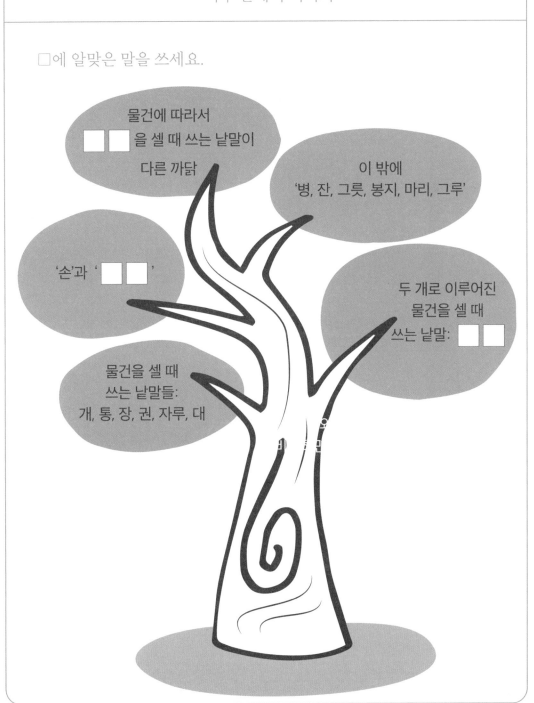

물건에 따라서
□□을 셀 때 쓰는 낱말이
다른 까닭

이 밖에
'병, 잔, 그릇, 봉지, 마리, 그루'

'손'과 '□□'

두 개로 이루어진
물건을 셀 때
쓰는 낱말: □□

물건을 셀 때
쓰는 낱말들:
개, 통, 장, 권, 자루, 대

이해하기 1

물건과 수량을 나타내는 낱말의 관계가 알맞게 선으로 연결하세요.

수박 •   • 한 손
포도 •   • 두 통
고등어 •   • 세 장
종이 •   • 네 송이

이해하기 2

신발과 양말을 셀 때 쓰는 낱말에 밑줄 치세요.

자루
벌
켤레
장
통

판단하기

'송이'는 어떤 특징이 있는 물건을 셀 때 쓰는 낱말인가요? 알맞게 설명한 문장에 밑줄 치세요.

속이 가득 차게 자란 과일을 셀 때 쓰는 낱말이다.
얇고 넓적한 물건을 셀 때 쓰는 낱말이다.
짝이 되는 두 개로 이루어진 물건을 셀 때 쓰는 낱말이다.
꼭지 달린 꽃이나 열매를 셀 때 쓰는 낱말이다.

사용하기

아래의 일기에는 물건의 수량을 나타내는 여러 낱말이 쓰여 있습니다. □에 알맞은 낱말을 쓰세요.

오늘 나에게 자전거 한 □가 생겼다. 내 생일 선물로 아빠가 사 주셨다. 엄마는 붉은 장미 여덟 □□를 선물로 주셨다. 무척 기뻤다. 나는 편지지 한 □에 감사한 마음을 써서 드렸다. 그리고 반찬이 맛있어서 나는 밥을 두 □□이나 먹었다. 내 덕분에 우리 집 고양이 한 □□도 배부르게 먹었다.

참여하기

오늘날 대형 마트에서는 고등어도 '한 마리'씩 손질하여 판매하지만, 전통 시장에서는 '한 손'씩 판매하곤 합니다. 앞의 글에서 밝혔듯이 고등어 '한 손'은 '두 마리'입니다. 왜 고등어 같은 생선은 굳이 두 마리씩 세게 되었을까요? 곰곰이 생각하여 답변하세요.

13

반대말

두 낱말의 뜻이 서로 반대인 말이 있습니다. '내가 수영장으로 들어갔다.' '형이 수영장에서 나왔다.' '나는 양파를 싫어한다.' '형은 양파를 좋아한다.' '내 신발은 더럽다.' '친구의 신발은 깨끗하다.' '누나는 머리를 묶었다.' '누나는 머리를 풀었다.' 이런 문장들에서 색칠한 낱말들이 그렇습니다. 다시 말하면, 앞의 문장에서 '들어가다/나오다', '싫어하다/좋아하다', '더럽다/깨끗하다', '묶다/풀다'는 낱말들의 뜻이 서로 반대입니다. 이런 관계의 낱말들을 '반대말'이라고 합니다. 반대말은 '들어가다/나오다'나 '묶다/풀다'처럼 행동을 나타내는 낱말도 있고, '싫어하다/좋아하다'처럼 마음의 상태를 나타내는 낱말도 있고, '더럽다/깨끗하다'처럼 장소나 물건의 상태를 나타내는 낱말도 있습니다.

의자 위에

공 아래에

반대말 중에는 방향이나 위치를 나타내는 낱말도 있습니다. '나는 건물 위를 바라보았다.' '누나는 종이비행기를 건물 아래로 날렸다.' '나는 맨 앞에 줄서 있었다.' '동생은 맨 뒤에 줄서 있었다.' '왼쪽 길로 가면 공원이 나온다.' '친구는 가로수를 오른쪽에 두고 걸었다.' '할머니께서 방 안에 계셨다.' '할아버지께서 현관문 밖으로 나가셨다.' 이런 문장들에서 색칠한 낱말들이 그렇습니다. 다시 말하면, 앞의 문장에서 '위/아래', '앞/뒤', '왼쪽/오른쪽', '안/밖'은 말뜻이 서로 반대인 반대말입니다.

반면에, 얼핏 생각하면 반대말로 여겨지지만 사실은 반대말이 아닌 낱말들도 있습니다. '나는 흰색을 좋아한다.' '누나는 검은색을 좋아한다.' '약은 쓴맛이 난다.' '꿀은 단맛이 난다.' '우리나라 선수가

집 밖에

집 안에

이겨서 기뻤다.' '영화의 마지막 장면이 슬펐다.' 이런 문장들에서
색칠한 낱말들이 그렇습니다. 다시 말하면, 앞의 문장에서
'흰색/검은색', '쓴맛/단맛', '기쁘다/슬프다'는 낱말끼리 반대말이
아닙니다. '흰색'과 '검은색'은 여러 색깔 중에서 서로 다른 색일
따름입니다. '쓴맛'과 '단맛'도 마찬가지입니다. 그 둘은 쓴맛, 단맛,
신맛, 짠맛 중에서 하나의 맛일 따름입니다. '기쁘다'와 '슬프다'도
그렇습니다. 그 둘은 여러 감정(기쁘다, 슬프다, 화나다, 불안하다,
무섭다……) 중에서 마음의 어떤 상태일 따름입니다. 이렇게,
'특성이 서로 다른 낱말'과 '뜻이 서로 반대되는 낱말'을 구별해
봅시다.

□에 알맞은 말을 쓰세요.

반대 □ 같지만
반대 □ 이 아닌 낱말들

방향이나 위치를 나타내는
□□ 말

행동과 상태를 나타내는
반대말

이해하기 1

반대말끼리 선으로 연결하세요.

위 •   • 밖

앞 •   • 오른쪽

왼쪽 •   • 아래

안 •   • 뒤

이해하기 2

행동을 나타내는 반대말에 밑줄 치세요.

더럽다/깨끗하다

싫어하다/좋아하다

묶다/풀다

왼쪽/오른쪽

판단하기

반대말끼리 묶인 두 낱말에 밑줄 치세요.

파란색/빨간색
화난다/즐겁다
신맛/짠맛
느리다/빠르다

사용하기

알맞은 말을 보기에서 찾아 □에 쓰세요.

보기: 무겁다 가볍다 빠르다 느리다 작다 크다 높다 낮다

코끼리는 표범보다 □□□.
그러나 코끼리는 표범보다 □□□.
다람쥐는 구렁이보다 □□.
하지만 다람쥐는 구렁이보다 □□□.

둘씩 묶인 문장에서 분홍색 낱말의 반대말을 □에 쓰세요.

나는 수영은 못한다.

나는 책 읽기는 □□□.

보름달이 뜬 밤은 밝다.

먹구름이 가득한 밤은 □□□.

한겨울은 무척 춥다.

한여름은 무척 □□.

14

겪은 일을
글로 쓰기

한 초등학생이 이런 글을 썼습니다.

엊저녁에 아빠께서 아이스크림 한 통을 집에 사 오셨다. 나는 앉은 자리에서 그 아이스크림 한 통을 먹어 치웠다. 아이스크림 숟가락이 내 입에 들어갈 때마다 참 행복했다. 그런데 몇 시간이 지나서 문제가 생겼다. 내 아랫배가 살살 아파 왔다. 배탈이 난 것이었다. 나는 밤사이 화장실을 네 번이나 다녀왔다. 변기에 앉을 때마다 나는 참 불행했다. 행복이 지나치면 불행해지는가 보다.

이 글은 글쓴이가 겪은 일에 대한 이야기입니다. 이 글에 나타난 겪은 일은 무엇일까요? 그 일을 순서대로 정리하면 이렇습니다. ① 아빠께서 아이스크림 한 통을 집에 사 오셨다. ② 글쓴이는 그 아이스크림 한 통을 다 먹는다. ③ 그 바람에 글쓴이가 배탈이 났다. ④ 글쓴이가 화장실을 네 번이나 다녀온다. 이 네 가지 내용이 이 글에 나타난 겪은 일입니다.

그런데 이 글에는 겪은 일의 '때'와 '장소'가 나타나 있습니다. 다시 말하면, 글쓴이가 '언제' 이런 일들을 겪었으며, '어디에서' 이런 일들을 겪었는지가 이 글에 나타나 있습니다. 글쓴이가 일을 겪은 '때'는 글을 쓰기 전날 저녁입니다. 글에 '엊저녁에 아빠께서 아이스크림 한 통을……'이라고 쓰여 있습니다. 글쓴이가 일을 겪은 '장소'는 글쓴이가 살고 있는 집입니다. 글에 '아빠께서 아이스크림 한 통을 집에 사 오셨다'라고 쓰여 있습니다. 이렇게 글을 살펴 읽으면, 글쓴이가 겪은 일이 '언제 어디에서' 일어났는지를 알 수 있습니다.

겪은 일을 글로 쓸 때에는 겪은 일에 대하여 표현해야 할 내용이 있습니다. 그것은 글쓴이의 '생각과 마음'입니다. 겪은 일에 대한 글쓴이의 생각과 마음이 글로 잘 표현되어 있는 글은 마치 자석처럼 독자의 마음을 끌어당깁니다. 글쓴이의 생각과 마음을 잘 드러낸 표현이 독자의 마음에 와 닿기 때문입니다. 그래서 같은 일을 겪지 않은 독자도 그 일에 대하여 가만히 생각하게 합니다. 앞의 글에서 글쓴이의 생각과 마음은 세 문장으로 표현되어 있습니다. ① 아이스크림 숟가락이 내 입에 들어갈 때마다 참 행복했다. ② 변기에 앉을 때마다 나는 참 불행했다. ③ 행복이 지나치면 불행해지는가 보다. 이 세 문장은 이 글을 살펴 읽은 독자의 마음에 닿을 수 있을 것입니다.

□에 알맞은 말을 쓰세요.

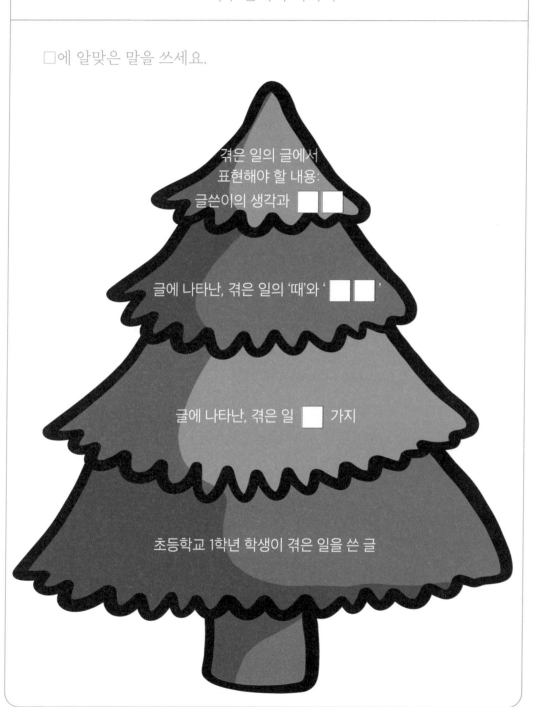

겪은 일의 글에서
표현해야 할 내용:
글쓴이의 생각과 □□

글에 나타난, 겪은 일의 '때'와 '□□'

글에 나타난, 겪은 일 □ 가지

초등학교 1학년 학생이 겪은 일을 쓴 글

이해하기 1

한 초등학생이 쓴 앞의 글에서 글쓴이가 먹은 간식은 무엇인가요? 괄호에 쓰세요.

(   )

이해하기 2

초등학생이 쓴 앞의 글에서 글쓴이가 겪은 일의 순서를 □에 번호로 쓰세요.

- [ ] 아빠께서 글쓴이에게 아이스크림 한 통을 사 주셨다
- [ ] 글쓴이는 그 아이스크림 한 통을 다 먹는다
- [ ] 글쓴이가 화장실을 네 번이나 다녀온다
- [ ] 그 바람에 글쓴이가 배탈이 났다

판단하기

초등학생이 쓴 앞의 글에서 글쓴이가 배탈 난 까닭은 무엇인가요? 그 까닭에 밑줄 치세요.

글쓴이가 아이스크림을 좋아해서
글쓴이가 아이스크림을 밤에 먹어서
글쓴이가 아이스크림 한 통을 다 먹어서
글쓴이가 화장실을 자주 다녀와서

사용하기

아래의 글에서 글쓴이의 생각과 마음을 밝힌 내용에 밑줄 치세요.

오늘 나는 차가운 수박을 많이 먹었다. 수박은 참 맛있다. 하지만 배탈이 났다. 나는 벌써 화장실을 세 번이나 다녀 왔다. 수박을 너무 많이 먹지 말았어야 했다.

참여하기

초등학생이 쓴 앞의 글에서 글쓴이의 생각과 마음을 나타낸 내용을 모두 지우고 다시 읽어 보세요. 지운 그 글이 어떻게 느껴지나요? 그 느낌을 쓰세요.

15

이야기 속의 인물

2학기
느끼고 표현해요

나무 문해력 초등 국어 1학년

이솝 우화에 「여우와 포도」가 있습니다. 많은 사람이 알고 있는 이 이야기는 이렇습니다.

배고픈 여우가 먹을 것을 찾아 돌아다니다가 포도나무를 발견했다. 하지만 그 포도들은 여우에게는 너무 높은 곳에 달려 있었다. 여우는 포도나무 아래에서 점프도 해 보고 포도나무를 타 보려고 애썼지만 포도까지 닿을 수 없었다. 그러자 여우가 말했다. "저 포도는 어차피 신 포도일 거야!" 여우는 이렇게 투덜거리며 포도나무를 떠났다.

모든 이야기에는 인물이 등장합니다. 인물은 사람입니다. 그런데 이 이야기에는 사람 대신 여우가 등장합니다. 여우는 동물입니다. 여우는 사람이 아닙니다. 하지만 이 이야기에도 인물이 등장합니다. 여우가 이 이야기 속의 인물입니다. 그렇다면, 인물은 무엇일까요? 국어사전을 찾아보면 '인물'의 낱말 뜻이 나옵니다. 그 뜻은 '생김새나 됨됨이로 본 사람' 또는 '일정한 상황에서 어떤 역할을 하는 사람'입니다. 그러므로 인물은 어쨌든 사람입니다. 그래도 「여우와 포도」에 등장하는 인물은 여우입니다. 왜냐하면, 이야기 속에서 말을 여우가 하기 때문입니다. "저 포도는 어차피 신 포도일 거야!"라고 여우가 사람처럼 말을 합니다. 앵무새처럼 사람의 말을 그저 따라하는 하는 것이 아니라, 여우가 스스로 생각한 것을 사람이 하는 말로 표현합니다. 그래서 이 이야기 속의 여우는 동물이지만 사람과 같은 인물입니다.

이야기에서 인물은 이야기를 만들어 가는 역할을 합니다. 그래서 인물이 하는 행동이나 말을 살펴 읽으면 이야기를 더 잘 이해할 수 있습니다. 「여우와 포도」에서 인물(여우)이 한 행동은 무엇인가요? ① 배고픈 여우가 먹을 것을 찾아다녔다. ② 여우가 포도나무를 발견했다. ③ 여우가 포도를 먹으려고 점프도 하고 나무를 타 보려고 애썼다. ④ (하지만 포도 따기에 실패하자) 여우가 포도나무를 떠났다. 이 네 가지가 이 이야기에서 인물(여우)이 한 행동입니다. 그럼, 「여우와 포도」에서 인물(여우)이 한 말은 무엇인가요? 딱 한마디입니다. "저 포도는 어차피 신 포도일 거야!"입니다. 그런데 이 한마디 말은 '투덜거리는' 말입니다. 투덜거리는 것은 '마음이 불편하여 못마땅한 상태로 하는 말'입니다. 여우가 왜 투덜거렸을까요? 여우가 포도 따기에 실패했기 때문입니다. 여우에게는 실패한 상황이 불쾌하고 못마땅한 것입니다. 그래서 여우는 생각합니다. 따지 못한 포도는 아직 익지 않아서 신맛이 날 것이며, 그래서 그 포도는 먹을 만한 포도가 아닐 것이라고 말입니다. 결국 여우는 그런 식으로 말하며 스스로 마음을 달랩니다. 이렇게 이야기 속에서 인물이 하는 행동이나 말을 자세히 살펴 읽으면 어떤 이야기이든 잘 이해할 수 있습니다. 그것이 이야기를 깊이 읽는 방법입니다.

나무 문해력 익히기

□에 알맞은 말을 쓰세요.

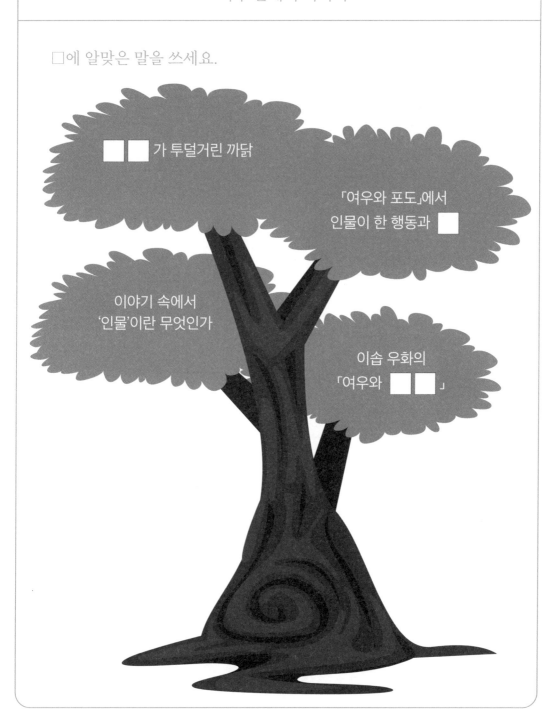

□□가 투덜거린 까닭

「여우와 포도」에서
인물이 한 행동과 □

이야기 속에서
'인물'이란 무엇인가

이솝 우화의
「여우와 □□」

이해하기 1

이솝 우화의 「여우와 포도」에 나오는 인물은 누구인가요? □에 쓰세요.

□□

이해하기 2

「여우와 포도」에서 여우가 한 행동이 아닌 문장에 밑줄 치세요.

여우가 먹을 것을 찾아다녔다.

여우가 포도나무를 발견했다.

여우가 포도를 먹으려고 말했다.

여우가 포도나무를 떠났다.

「여우와 포도」에서 여우가 투덜거리며 말한 까닭은 무엇인가요? 그 까
닭에 밑줄 치세요.

　　　포도가 익지 않아서
　　　포도나무를 찾지 못해서
　　　포도나무에 포도가 열리지 않아서
　　　포도를 따 먹을 수 없어서

아래의 「호랑이와 곶감」에 등장하는 인물들을 □에 쓰세요.

마을에 내려온 호랑이가 우는 아이를 달래는 어머니의 말소리를 엿들었
다. 어머니가 말했다. "호랑이 왔다. 울지 마라." 그래도 아이는 계속 울었
다. 그러자 어머니가 다시 말했다. "곶감 봐라. 울지 마라." 아이가 울음을
그쳤다. 호랑이는 생각했다. '곶감? 곶감이 나보다 무서운 녀석인가 보
군.' 그러고는 곧바로 달아났다.

「여우와 포도」에서 가장 중요한 내용은 어느 장면에 있을까요? 그 장면을 보기에서 골라 밑줄 치세요. 그리고 그렇게 생각한 까닭을 간단히 쓰세요.

포도나무를 발견했다.
포도까지 닿을 수 없었다.
"저 포도는 어차피 신 포도일 거야!"
투덜거리며 포도나무를 떠났다.

해답

1 받침이 없는 글자의 짜임

나무 문해력 익히기

□에 알맞은 말을 쓰세요.

자음자와 모음자가 합해져 글자가 된
다

자음자의 오른쪽에 모음자가 붙어서
만들어진 글자들

한글은 먼저 자음자를 쓰고 모음자를
붙여 써야 한다

모음자가 자음자의 아래쪽에 붙은 낱
말들

대개의 낱말은 모음자가 자음자의 오
른쪽과 아래쪽에 붙거나 아래쪽과
오른쪽에 붙어 있다

'ㅏ ㅑ ㅓ ㅕ ㅣ'는 자음자의 오른쪽에
붙는다

'ㅗ ㅛ ㅜ ㅠ ㅡ'는 자음자의 아래쪽에
붙는다

이해하기 1

아래 낱말의 자음자와 모음자를 □에 알
맞게 쓰세요.

'기차'의 자음자는 ㄱ과 ㅊ이며, 모음자
는 ㅣ와 ㅏ이다.

이해하기 2

낱말과 설명의 관계가 알맞게 연결하세
요.

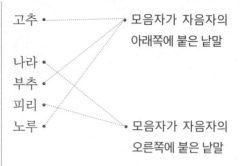

판단하기

아래의 모음자 중에서 자음자의 오른쪽
에 붙는 모음자를 찾아 동그라미 치세
요.

ㅗ
ㅛ
ㅜ
ㅕ
ㅡ

사용하기

떼어 늘어놓은 아래의 자음자와 모음자
를 알맞은 낱말이 되게끔 □에 붙여 쓰
세요.

ㄱ ㅗ ㅁ ㅗ ㅂ ㅜ → 고모부
ㄷ ㅐ ㄴ ㅏ ㅁ ㅜ → 대나무
ㅌ ㅗ ㅁ ㅏ ㅌ ㅗ → 토마토

참여하기

한글에는 기본 모음자 말고도 'ㅐ, ㅔ,
ㅒ, ㅖ, ㅘ, ㅙ, ㅚ, ㅝ, ㅞ, ㅟ, ㅢ'라는 모
음자가 있습니다. 이러한 모음자들은 어
떤 기본 모음자들을 합쳐 만든 모음자

일까요? 그중 아래와 같이 합쳐 만든 두 모음자가 무엇인지를 □에 알맞게 쓰세요.

ㅔ　　→　ㅓ + ㅣ
ㅖ　　→　ㅕ + ㅣ
ㅘ　　→　ㅗ + ㅏ
ㅚ　　→　ㅗ + ㅣ
ㅝ　　→　ㅜ + ㅓ
ㅞ　　→　ㅜ + ㅓ + ㅣ
ㅟ　　→　ㅜ + ㅣ
ㅢ　　→　ㅡ + ㅣ

2 받침이 있는 글자의 특징들

나무 문해력 익히기
□에 알맞은 말을 쓰세요.

받침이 있는 낱말의 짜임: '자음자+모
　음자+자음자'
두 자음자로 짜인 글자들
받침이 붙으면서 다른 뜻이 되는 낱말들
받침은 다른 자음자이지만 소리는 같은
　자음자들
받침이 있는 글자도 만든 까닭

이해하기 1
□에 알맞은 글자를 쓰세요.

받침이 없는 글자는 '자음자+모음자'로
짜여 있다.

받침이 있는 글자는 '자음자+모음자+
자음자'로 짜여 있다.

이해하기 2
낱말과 설명의 관계가 알맞게 연결하세
요.

값 •
산 •　　　　　　• 받침이 한 자음자인 글자
집 •
밖 •
강 •　　　　　　• 받침이 두 자음자인 글자

판단하기
'받침이 없는 글자'에 자음자 받침을 붙
여 '받침이 있는 글자'로 만들었습니다.
그중 올바른 낱말이 된 글자에 밑줄 치
세요.

거미　→　거밒
사과　→　사괄
바다　→　<u>바닥</u>
　벼　→　<u>별</u>

사용하기
같은 소리가 나는 자음자가 있는 두 낱
말을 묶었습니다. 잘못 묶인 두 낱말에
밑줄 치세요.

수박 / 집밖
빗물 / 빛깔
<u>밥풀 / 촛불</u>
앞뒤 / 압정

참여하기

'강'을 자음자와 모음자를 떼어 풀어 쓰면 'ㄱ+ㅏ+ㅇ'입니다. '산'을 자음자와 모음자를 떼어 풀어 쓰면 'ㅅ+ㅏ+ㄴ'입니다. 아래의 세 글자를 이와 같이 자음자와 모음자를 떼어 풀어 쓰세요.

값   →   ㄱ+ㅏ+ㅂ+ㅅ
샀   →   ㅅ+ㅏ+ㄱ+ㅅ
몫   →   ㅁ+ㅗ+ㄱ+ㅅ

③ 쌍 자음자로 짜인 글자들

나무 문해력 익히기

□에 알맞은 말을 쓰세요.

첫 번째 자음자가 쌍 자음자로 짜인 글자들
쌍 자음자로 짜인 낱말의 공통점: 강한 소리
몸 상태를 강조하는 흉내 내는 말들: 깡충깡충, 떼굴떼굴, 뽀글뽀글, 쫑알쫑알
쌍 자음자로 짜인 글자를 읽을 때는 센 소리를 내어 읽을 것

이해하기 1

첫 번째 자음자가 쌍 자음자로 짜여 있는 글자에 밑줄 치세요.

살

방
빵
달

이해하기 2

'ㅃ, ㄲ, ㅉ, ㄸ'로 짜인 글자가 아닌 낱말에 밑줄 치세요.

아빠
잉꼬
팔찌
사도

판단하기

화살표의 왼쪽 말보다 오른쪽 말이 더 센 소리가 나게끔 □에 알맞게 쓰세요.

종알종알   →   쫑알쫑알
강중강중   →   깡충깡충
보글보글   →   뽀글뽀글
데굴데굴   →   떼굴떼굴

사용하기

"햇볕에 수건이 보송보송하게 잘 말랐다." 이 말에서 '보송보송'을 더 센 느낌이 들도록 아래와 같이 바꾸려고 합니다. □에 알맞은 글자를 쓰세요.

"햇볕에 수건이 뽀송뽀송하게 잘 말랐다."

참여하기

한 아이가 아래와 같이 일기를 썼습니

다. 이 일기의 □□에 들어갈 두 글자는 모두 'ㄸ'으로 시작됩니다. 그 두 글자가 무엇일까요? 적절한 그 두 글자를 □□에 쓰세요.

"엄마께 야단맞았다. 눈물이 났다. 내 무릎에 눈물이 □□ 떨어졌다."

아이가 쓸 만한, □□에 들어갈 적절한 두 글자는 '뚝뚝', 또는 '똑똑'일 것입니다. 눈물방울의 크기가 크다면 '뚝뚝'이 더 적절하겠고, 눈물방울이 작다면 '똑똑'이 더 적절하겠습니다.

4 같은 종류인 낱말들

나무 문해력 익히기
□에 알맞은 말을 쓰세요.

수많은 낱말이 있다
과일 종류에 포함되는 낱말들
몸의 일부분인 낱말들: 활동을 나타내는 말과 연결된다
음식의 종류인 낱말들: 맛의 느낌을 나타내는 말과 연결된다

이해하기 1
과일의 종류에 포함되지 않는 낱말에 모두 밑줄 치세요.

딸기, 수박, 사과, 배추, 귤, 딸기, 참외, 자두, 열무, 복숭아, 포도, 오이, 오렌지, 바나나

이해하기 2
아래의 낱말에 어울리는 활동을 찾아 선으로 연결하세요.

판단하기
음식과 그 음식의 맛을 적절히 표현한 말에 밑줄 치세요.

우리 집 김치는 담근 지 오래되어 맛이 신선하다.
떡볶이 맛은 항상 싱겁다.
눌은밥은 누룽지를 끓인 밥이어서 구수하다.
생선구이는 불에 구워서 맵다.

사용하기
친구들과 어울려 축구를 하려고 합니다. 축구와 관련된 낱말들을 □에 알맞게 써넣으세요.

축구공
운동화
운동장

축구 골대

참여하기

'연필, 색연필, 볼펜, 사인펜, 만년필, 붓.' 이 낱말들은 어떤 활동을 하는 데 사용하는 물건들일까요? 스스로 생각하여 쓰세요.

'연필, 색연필, 볼펜, 사인펜, 만년필, 붓' 은 모두 필기구입니다. 필기구는 글씨를 쓰거나 그림을 그리기 위해 사용하는 물건입니다. 그러므로 이 낱말들은 모두 글씨를 쓰거나 그림을 그리는 활동에 사용하는 물건들입니다.

5   상황에 알맞은 인사말들

나무 문해력 익히기

□에 알맞은 말을 쓰세요.

사람들을 만난 아이의 행동 ①: 인사하지 않는 아이

사람들을 만난 아이의 행동 ②: 인사하는 아이

인사하면 좋은 점 ①: 기분이 좋아진다

인사하면 좋은 점 ②: 두 사람이 가까워진다

인사말을 할 때 알아차릴 것 ①: 상대가 누구인지를 알아차릴 것

인사말을 할 때 알아차릴 것 ②: 상황이 어떠한지 알아차릴 것

이해하기 1

만나는 사람에게 인사하면 좋은 점이 있습니다. 그 좋은 점에 대해 잘못 말한 내용에 밑줄 치세요.

인사를 받은 사람의 기분이 좋아진다.
인사를 한 사람의 기분이 좋아진다.
인사를 받은 사람만 기분이 좋아진다.
인사를 주고받은 두 사람의 사이가 가까워진다.

이해하기 2

인사말을 주고받으면 두 사람이 서로 가까워집니다. 그 까닭으로 알맞은 말을 □에 쓰세요.

인사말을 한 사람도, 인사말을 받은 사람도 서로에게 예의를 차렸기 때문이다.

판단하기

친구에게 좋은 일이 생겼습니다. 그 사실을 알고 그 친구를 만났습니다. 그때 하는 인사말로 적절하지 않은 내용에 밑줄 치세요.

"축하해!"
"네가 잘 해 낼 줄 알았어!"
"가족 모두 기뻐했겠구나!"
"운이 좋았구나!"
"오! 대단한걸!"

사용하기

인사말로 어울리는 말을 찾아 선으로 연

결하세요.

아이가 친구에게 • ⟋ • "안녕하세요?"
아이가 선생님께 • ⤬ • "고마워."
아이가 할머니께 • ⤬ • "학교 다녀오겠습니다."
아이가 엄마에게 • ⟍ • "생신 축하드립니다."

참여하기

길에서 이웃 어른을 만난 창수는 그 이웃 어른을 못 본 척했습니다. 복도에서 선생님을 만난 슬기는 고개를 숙인 채 지나쳤습니다. 그랬던 창수와 슬기가 어느 날부터는 이웃 어른과 선생님께 "안녕하세요!" 하며 씩씩하게 큰 목소리로 인사말을 하기 시작했습니다. 이 사례를 보면 인사말을 하면 또 다른 좋은 점이 있습니다. 앞의 글에는 나타나 있지 않은 또 다른 좋은 점은 무엇일까요? 스스로 생각하여 쓰세요.

그것은 '인사말을 씩씩하게 하면 자신감이 생긴다'라고 말할 수 있겠습니다. 인사말을 할 때 마지못해 작은 목소리로 하면 상대에게 예의는 차려 인사는 했지만, 자신에게 자신감이 생기지는 않을 것입니다. 그러므로 기왕에 인사말을 할 때는 또박또박 분명하게 말하고, 또 큰 목소리로 말한다면 인사를 받는 상대방의 기분은 더 좋아질 것입니다. 그런 상대방은 인사말을 한 그 아이를 칭찬하는 마음이 더 크게 생길 것입니다.

6 문장 부호와 쉬어 읽는 기호

나무 문해력 익히기

□에 알맞은 말을 쓰세요.

띄어쓰기 예: 친구가방에들어갔다.
대표적인 문장 부호: 쉼표(,) 마침표(.)
　　물음표(?) 느낌표(!)
쉬어 읽는 기호: ∨, ⩔
문장에 ∨와 ⩔를 표시해서 띄어 읽기

이해하기 1

'문장 부호 이름'과 '문장 부호'를 알맞게 선으로 연결하세요.

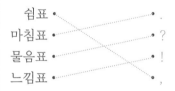

쉼표 •
마침표 •
물음표 •
느낌표 •

• .
• ?
• !
• ,

이해하기 2

'쉬어 읽는 기호'와 '쉬어 읽는 기호 이름'을 알맞게 선으로 연결하세요.

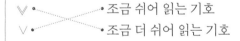

⩔ •
∨ •

• 조금 쉬어 읽는 기호
• 조금 더 쉬어 읽는 기호

판단하기

아래의 문장에 있는 문장 부호의 이름을 □에 알맞게 쓰세요.

"축하해! 네가 해 낼 줄 알았어." 느낌표 / 마

침표

"아, 너도 알고 있었니? 고마워." 쉼표 / 물음
　표 / 마침표

"물론이지! 좋은 일은 널리 알려야 해." 느낌
　표 / 마침표

"부끄러워. 내가 운이 좋았을 뿐이야!" 마침
　표 / 느낌표

사용하기

아래 문장에 '쉬어 읽는 기호'를 알맞게
□에 표시하세요.

"엄마야,∨누나야,∨강변 살자.∨
너,∨이렇게 시작하는 시를 아니?∨"

"응,∨이 시를 노래로도 부르잖아!∨
아!∨정말로 아름다운 노래야.∨안 그
래?∨"

참여하기

아래의 문장에는 '문장 부호'가 빠져 있
습니다. 이 문장에 넣어야 할 적절한 문
장 부호를 □에 알맞게 표시하세요.

"얘들아, 창밖을 봐! 함박눈이 내리기
시작했어. 너무 신나지 않니?"

답안에서 '창밖을 봐'에 붙여서 느낌표
(!) 대신 마침표(.)를 넣어도 됩니다.
또, '함박눈이 내리기 시작했어'에 붙여
서 마침표(.) 대신 느낌표(!)를 넣어도
됩니다.

7　쌍받침과 문장의 짜임

나무 문해력 익히기

□에 알맞은 말을 쓰세요.

쌍받침 ㄲ, ㅆ
쌍받침 글자와 홑받침 글자는 소리는 같
　아도 뜻은 다르다
쌍받침 글자가 들어간 문장: 그는 낚시
　를 좋아했다.
세 덩이로 짜인 기본 문장: 누가/무엇
　을/하다

이해하기 1

'ㄲ, ㅆ'처럼 같은 자음자가 겹쳐서 된 받
침을 어떤 받침이라고 하나요? □에 알맞
은 글자를 쓰세요.

쌍받침

이해하기 2

홑받침 글자에는 붉은색 밑줄을 치고,
쌍받침 글자에는 파란색 밑줄을 치세요.

묶어
재밌게
묵다
닦았습니다
빼앗다

판단하기

쌍받침 글자가 들어간 문장에 밑줄 치

세요.

엄마가 매일 내 머리를 빗어 줍니다.
나는 아침밥을 적게 먹고 싶습니다.
항상 칫솔에 치약을 짜 얹습니다.
<u>오늘은 학교에 책가방을 두고 왔습니다.</u>

사용하기
낱말 앞이나 낱말 사이에 번호를 붙여
아래의 문장을 세 덩이로 나누세요.

① 아빠와 나는 ② 축구를 ③ 가장 좋아
한다.

참여하기
아래 문장의 짜임을 알아보려고 묻고 대
답했습니다. 그 물음과 대답에 알맞은 말
을 □에 쓰세요.

엄마는 영화 보기를 가장 좋아한다.

누가 영화 보기를 가장 좋아하나요?
　　→ 엄마
엄마는 무엇 하기를 가장 좋아하나요?
　　→ 영화 보기
엄마는 영화 보기를 어떻게 생각하나요?
　　→ 가장 좋아한다

8 흉내 내는 말
___

나무 문해력 익히기

□에 알맞은 말을 쓰세요.

무언가를 흉내 내려면 그 대상의 특징을
　잘 알아차려야 한다
모양을 흉내 내는 말: 울긋불긋, 살랑살
　랑, 주렁주렁, 옹기종기
소리를 흉내 내는 말: 뻐꾹뻐꾹, 삐악삐
　악, 째깍째깍
'주룩주룩'과 '푸드덕푸드덕'은 소리와
　모양을 흉내 내는 말
동물 이름과 비슷한 흉내 내는 말: 뻐꾹
　뻐꾹, 소쩍소쩍, 개굴개굴, 맹꽁맹꽁,
　맴맴, 귀뚤귀뚤

이해하기 1
'모양을 흉내 내는 말'과 '소리를 흉내 내
는 말'이 서로 알맞게 선으로 연결하세
요.

이해하기 2
'소리를 흉내 내는 말'이 아닌 낱말에 모
두 밑줄을 치세요.

뻐꾹뻐꾹, 삐악삐악, <u>울긋불긋</u>, 째깍째
깍, 주룩주룩, 푸드덕푸드덕, 소쩍소쩍,
개굴개굴, <u>살랑살랑</u>, 맹꽁맹꽁, 맴맴, 귀
뚤귀뚤

판단하기

두 낱말 뜻을 읽고, 그 뜻풀이에 알맞은 '흉내 내는 말'을 □에 쓰세요.

굵은 물줄기나 빠르게 흐르거나 빗물이 쏟아지는 소리와 모양을 흉내 내는 말: 주룩주룩

큰 새가 힘차게 날개를 치는 소리와 모양을 흉내 내는 말: 푸드덕푸드덕

사용하기

아래의 일기에서 알맞은 '흉내 내는 말'을 □에 쓰세요.

엊그제 외할머니의 고양이가 새끼를 낳았단다. 야옹야옹 하는 새끼 고양이의 소리를 빨리 듣고 싶다. 여름 방학이 끝나기 전에 만나고 싶다. 오늘 아침에는 매미가 맴맴 울었고, 바람이 살랑살랑 불었다. 벌써 가을이 오려나 보다. 추석이 되면 나뭇잎들이 울긋불긋해지고, 대추나무에는 대추가 주렁주렁 열릴 것이다.

참여하기

아래의 설명에 어울리는 '흉내 내는 말'을 □에 써 보세요.

여름밤의 천둥소리: □□□ □□
캄캄한 밤하늘에 보이는 별빛 모양: □□ □□
토끼가 뛰어가는 모양: □□□□

할아버지께서 큰소리로 웃는 소리: □□

정답은 없습니다. "설명에 어울리는" 흉내 내는 말은 생각하기 나름이기 때문입니다. 그래도 □의 글자 수에 맞추어 써 보자면 이렇습니다. 여름밤의 천둥소리는 '우르릉 쾅쾅', 캄캄한 밤하늘에 보이는 별빛 모양은 '반짝반짝', 토끼가 뛰어가는 모양은 '깡충깡충'이나 '깡중깡쭝', 할아버지께서 큰소리로 웃는 소리는 '껄껄'이나 '하하'이겠습니다. 이 밖에도 다른 흉내 내는 말을 쓸 수도 있겠습니다. 그것이 "설명에 어울리는" 흉내 내는 말이라면 말입니다. '어울리는 말'을 자유롭게 생각해 보세요.

9 글에서 글쓴이가 하고 싶은 말 찾기

나무 문해력 익히기

□에 알맞은 말을 쓰세요.

예를 든 일기
일기에 나타난 글쓴이의 생각 찾기
글쓴이의 생각을 발견하는 방법 1: 제목 살피기
글쓴이의 생각을 발견하는 방법 2: 줄거리의 흐름 읽기
글쓴이의 생각을 발견하는 방법 3: 글쓴이가 힘주어 하는 말을 발견하기

이해하기 1

앞의 글에서 예를 든 일기의 제목은 무엇인가요? □에 쓰세요.

단발머리

이해하기 2

앞의 글의 일기에서 글쓴이는 자신을 포함하여 세 사람을 이야기했습니다. 글쓴이를 제외한 나머지 두 사람은 누구누구인가요? □에 쓰세요.

아빠
엄마

판단하기

앞의 글의 일기에 글쓴이가 다짐한 생각이 쓰여 있습니다. 그 문장에 밑줄 치세요.

그래도 나는 길었던 머리가 더 예뻤던 것 같다.
겨울 방학이 지나면 새 학년이 될 테니 말이다.
내일부터는 나 혼자 머리를 감고, 머리도 혼자 말려야겠다.
내 긴 머리가 단발머리가 되었다.

사용하기

앞의 글의 일기를 아래와 같이 바꿔 썼습니다. 이 일기에서 글쓴이가 하고 싶은 말로 알맞은 문장에 밑줄 치세요.

아빠가 말씀하셨다. "단발머리가 더 예쁘구나. 긴 머리보다 단정하잖아." 나는 거울을 여러 번 보았다. 그래도 나는 길었던 머리가 더 예뻤던 것 같다.

나의 바뀐 단발머리가 마음에 든다.
나는 내 모습을 거울에 자주 비추어 본다.
나는 단발머리보다 긴 머리를 하고 싶다.

참여하기

앞의 글의 일기에서 글쓴이는 이렇게 썼습니다. "내일부터는 나 혼자 머리를 감고, 젖은 머리도 혼자 말려야겠다." 그 글쓴이는 왜 이런 생각을 하게 되었을까요? 그 까닭을 생각하여 쓰세요.

일기에서 글쓴이의 엄마는 편찮으셔서 병원에 입원해 계십니다. 그래서 글쓴이의 아빠가 집안 살림을 도맡아 하십니다. 아빠는 직장 생활뿐만 아니라 집에서 요리, 설거지, 빨래, 청소 등등의 일을 혼자서 하시니 힘들 것입니다. 글쓴이가 그런 아빠를 안쓰러워하는 내용은 일기에는 직접 밝히지 않았습니다. 하지만 아빠를 안쓰러워하는 마음이 글쓴이에게 어떤 생각을 하게 했습니다. 그것은 머리를 감고 말리는 일은 앞으로는 스스로 해야겠다는 다짐입니다. 글을 살펴 읽으면 글쓴이의 마음을 읽을 수 있습니다.

10 그림일기

나무 문해력 익히기

□에 알맞은 말을 쓰세요.

어제와 오늘은 비슷하면서도 다르다
일기와 그림일기
그림일기에 들어가야 하는 내용
그림일기의 좋은 점
그림일기를 쓰는 순서
그림일기를 쓸 때 지켜야 할 것

이해하기 1

'하루에 있었던 어떤 경험을 글로도 적고, 그림으로도 그려 놓은 기록'을 무엇이라고 하나요? □에 쓰세요.

그림일기

이해하기 2

그림일기를 쓰고 그리면 좋은 점에 모두 밑줄 치세요.

하루 동안 어떤 일들이 일어났는지를 알수 있어서 좋다.
그림일기 숙제를 검사 받을 수 있어서 좋다.
그날 일어난 일들에 대하여 되돌려 생각할 수 있어서 좋다.
심심한 시간을 그림일기를 쓰면서 때울 수 있어서 좋다.

판단하기

그림일기에 들어갈 내용으로 알맞지 않은 문장에 밑줄 치세요.

날짜와 요일과 날씨를 표시한다.
하루에 일어난 일에 대한 생각과 느낌을 글로 나타낸다.
그림일기는 항상 먼저 그림부터 그리고 나서 글을 쓴다.
일기장에 쓴 글과 어울리는 그림도 그린다.

사용하기

한 아이가 아래와 같은 그림일기를 썼습니다. 이 일기에 어떤 그림을 그리면 좋을까요? 적절하지 않은 그림 설명에 밑줄 치세요.

밤사이 가을비가 내렸다. 날씨가 쌀쌀해졌다. 아침 등굣길에 낙엽들이 많이 떨어져 있었다.

길거리에 떨어진 낙엽들을 그린 그림
운동장에 고인 빗물을 그린 그림
푸른 새싹이 돋아나는 나무를 그린 그림

참여하기

아래의 일기가 완성되도록 □에 글을 쓰고 그림도 작게 그려 보세요.

날짜: 20□□년 □월 □일
요일: □요일
날씨: 맑음

화창한 오늘은 내 생일이다. 우리 가족은 내 생일에는 꼭 중국집에서 밥을 먹는다. 올해도 그랬다. 아빠는 항상 짜장면을 주문하시고 엄마는 짬뽕을 주문하신다. 나는 둘 다 좋아해서 아빠의 짜장면과 엄마의 짬뽕을 덜어 먹는다. 그리고 탕수육은 엄마, 아빠와 함께 나누어 먹는다. 음식점 사장님이 오늘이 내 생일인 것을 아시고 군만두를 무료로 내어 주셨다. 무척 배부른 하루였다.

날짜는 독자의 올해 생일을 쓰면 되고, 요일도 올해 생일의 요일을 쓰면 됩니다. 날씨는 일기 맨 앞에서 "화창한 오늘"이라고 밝혔듯이, '맑음'이라고 쓰면 됩니다.

11 이야기에서 사건이 일어난 차례

나무 문해력 익히기
□에 알맞은 말을 쓰세요.

옛날이야기
옛날이야기에 대한 질문과 대답
사건을 따라 읽으면 이야기의 순서를 잘 간추릴 수 있다
옛날이야기에서 시간의 흐름에 따라 일어난 사건의 차례

이해하기 1
앞의 옛날이야기에서 도둑이 왕궁에 들

어간 까닭은 무엇인가요? 알맞은 설명에 밑줄 치세요.

임금을 만나고 싶어서
신기한 맷돌을 구경하려고
<u>신기한 맷돌을 훔치려고</u>
바닷물을 소금물로 만들려고

이해하기 2
앞의 옛날이야기에서 일어난 사건의 차례를 □에 번호로 쓰세요.

1 도둑이 왕궁에 들어가 맷돌을 훔친다
4 배가 바닷속에 가라앉는다
5 바닷물이 짜졌다
2 도둑은 배를 타고 바다로 도망간다
3 맷돌에서 소금이 쏟아져 나온다

판단하기
도둑이 탄 배가 바다에 가라앉게 된 까닭은 무엇일까요? 알맞은 설명에 밑줄 치세요.

배에 요술 맷돌을 실었기 때문에
맷돌이 도둑을 혼내 주려고 요술을 부렸기 때문에
<u>쏟아지는 소금의 무게를 배가 견디지 못했기 때문에</u>
용왕이 도둑을 벌주려고 큰 파도를 일으켰기 때문에
맷돌이 임금의 명령만 따랐기 때문에

사용하기

앞의 옛날이야기의 끝부분에 이어서 보
태는 글을 썼습니다. 이에 적절한 문장
에 밑줄 치세요.

도둑은 잠수하여 맷돌을 꺼내 바다를 헤
  엄쳐 건넜다.
도둑이 일부러 맷돌을 바다에 빠뜨린 것
  이다.
<u>그래서 사람들은 바다에서 소금을 얻을
  수 있게 되었다.</u>
오늘날에도 소금은 맷돌에서만 나온다.

참여하기

앞의 옛날이야기에 나오는 맷돌과 「알
라딘과 요술 램프」는 비슷한 점도 있고
다른 점도 있습니다. 비슷한 점은 무엇
이고, 다른 점은 무엇인가요? 간단히 쓰
세요.

신기한 맷돌과 「알라딘과 요술 램프」의
비슷한 점은 맷돌의 주인과 요술 램프의
주인이 요구하면 어떤 물건이든 만들어
준다는 것입니다. 맷돌과 요술 램프의
다른 점은 맷돌은 주인이 요구하면 맷돌
자체가 직접 물건을 만들어 주지만, 요
술 램프는 램프 속에 사는 '지니'라는 하
인이 요술 램프 속에서 나타나 초능력을
발휘하여 주인의 소원을 들어 준다는 것
입니다.

12 물건을 셀 때 쓰는 낱말들

나무 문해력 익히기

□에 알맞은 말을 쓰세요.

물건을 셀 때 쓰는 낱말들: 개, 통, 장,
  권, 자루, 대
두 개로 이루어진 물건을 셀 때 쓰는 낱
  말: 켤레
'손'과 '송이'
이 밖에 '병, 잔, 그릇, 봉지, 마리, 그루'
물건에 따라서 수량을 셀 때 쓰는 낱말
  이 다른 까닭

이해하기 1

물건과 수량을 나타내는 낱말의 관계가
알맞게 선으로 연결하세요.

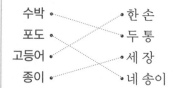

이해하기 2

신발과 양말을 셀 때 쓰는 낱말에 밑줄
치세요.

자루
벌
켤레
장
통

판단하기

'송이'는 어떤 특징이 있는 물건을 셀 때 쓰는 낱말인가요? 알맞게 설명한 문장에 밑줄 치세요.

속이 가득 차게 자란 과일을 셀 때 쓰는 낱말이다.
얇고 넓적한 물건을 셀 때 쓰는 낱말이다.
짝이 되는 두 개로 이루어진 물건을 셀 때 쓰는 낱말이다.
꼭지 달린 꽃이나 열매를 셀 때 쓰는 낱말이다.

사용하기

아래의 일기에는 물건의 수량을 나타내는 여러 낱말이 쓰여 있습니다. □에 알맞은 낱말을 쓰세요.

오늘 나에게 자전거 한 대가 생겼다. 내 생일 선물로 아빠가 사 주셨다. 엄마는 붉은 장미 여덟 송이를 선물로 주셨다. 무척 기뻤다. 나는 편지지 한 장에 감사한 마음을 써서 드렸다. 그리고 반찬이 맛있어서 나는 밥을 두 그릇이나 먹었다. 내 덕분에 우리 집 고양이 한 마리도 배부르게 먹었다.

참여하기

오늘날 대형 마트에서는 고등어도 '한 마리'씩 손질하여 판매하지만, 전통 시장에서는 '한 손'씩 판매하곤 합니다. 앞의 글에서 밝혔듯이 고등어 '한 손'은 '두 마리'입니다. 왜 고등어 같은 생선은 굳이 두 마리씩 세게 되었을까요? 곰곰이 생각하여 답변하세요.

고등어를 셀 때 쓰는 낱말인 '손'은 말 그대로 한 손에 쥐어지는 분량을 뜻합니다. 어른 손으로 고등어 꼬리를 잡으면 두 마리 정도가 손가락 사이에 쉽게 잡힙니다. 그래서 '손'이라는 낱말로 그 수량을 썼을 것입니다. 그리고 예전에는 한 가족이 오늘날보다 많았습니다. 할아버지, 할머니, 아버지, 어머니, 자녀들까지 합하면 예닐곱 명은 되었습니다. 그러니 고등어 한 마리로는 밥상을 차리기 어려웠습니다. 그래서 고등어 같은 생선은 최소한 두 마리 정도는 되어야 불에 굽든 냄비에 넣어 졸이든 반찬으로 밥상에 올릴 수 있었습니다. 그러므로 예전부터 고등어는 한 손씩(두 마리씩) 사고팔게 된 것입니다.

13 반대말

나무 문해력 익히기

□에 알맞은 말을 쓰세요.

행동과 상태를 나타내는 반대말
방향이나 위치를 나타내는 반대말
반대말 같지만 반대말이 아닌 낱말들

이해하기 1

반대말끼리 선으로 연결하세요.

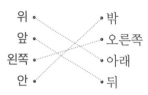

위 • •밖
앞 • •오른쪽
왼쪽 • •아래
안 • •뒤

이해하기 2
행동을 나타내는 반대말에 밑줄 치세요.

더럽다/깨끗하다
싫어하다/좋아하다
<u>묶다/풀다</u>
왼쪽/오른쪽

판단하기
반대말끼리 묶인 두 낱말에 밑줄 치세요.

파란색/빨간색
화난다/즐겁다
신맛/짠맛
<u>느리다/빠르다</u>

사용하기
알맞은 말을 보기에서 찾아 □에 쓰세요.

보기: 무겁다 가볍다 빠르다 느리다 작다
크다 높다 낮다

코끼리는 표범보다 느리다.
그러나 코끼리는 표범보다 무겁다.
다람쥐는 구렁이보다 작다.
하지만 다람쥐는 구렁이보다 빠르다.

참여하기
둘씩 묶인 문장에서 분홍색 낱말의 반대
말을 □에 쓰세요.

나는 수영은 못한다.
나는 책 읽기는 잘한다.

보름달이 뜬 밤은 밝다.
먹구름이 가득한 밤은 어둡다.

한겨울은 무척 춥다.
한여름은 무척 덥다.

14 겪은 일을 글로 쓰기

나무 문해력 익히기
□에 알맞은 말을 쓰세요.

초등학교 1학년 학생이 겪은 일을 쓴 글
글에 나타난, 겪은 일 네 가지
글에 나타난, 겪은 일의 '때'와 '장소'
겪은 일의 글에서 표현해야 할 내용: 글
　쓴이의 생각과 마음

이해하기 1
한 초등학생이 쓴 앞의 글에서 글쓴이가
먹은 간식은 무엇인가요? 괄호에 쓰세
요.

(아이스크림)

이해하기 2

초등학생이 쓴 앞의 글에서 글쓴이가 겪은 일의 순서를 □에 번호로 쓰세요.

1 아빠께서 글쓴이에게 아이스크림 한 통을 사 주셨다

2 글쓴이는 그 아이스크림 한 통을 다 먹는다

4 글쓴이가 화장실을 네 번이나 다녀온다

3 그 바람에 글쓴이가 배탈이 났다

판단하기

초등학생이 쓴 앞의 글에서 글쓴이가 배탈 난 까닭은 무엇인가요? 그 까닭에 밑줄 치세요.

글쓴이가 아이스크림을 좋아해서
글쓴이가 아이스크림을 밤에 먹어서
<u>글쓴이가 아이스크림 한 통을 다 먹어서</u>
글쓴이가 화장실을 자주 다녀와서

사용하기

아래의 글에서 글쓴이의 생각과 마음을 밝힌 내용에 밑줄 치세요.

오늘 나는 차가운 수박을 많이 먹었다. <u>수박은 참 맛있다.</u> 하지만 배탈이 났다. 나는 벌써 화장실을 세 번이나 다녀왔다. <u>수박을 너무 많이 먹지 말았어야 했다.</u>

참여하기

초등학생이 쓴 앞의 글에서 글쓴이의 생각과 마음을 나타낸 내용을 모두 지우고 다시 읽어 보세요. 지운 그 글이 어떻게 느껴지나요? 그 느낌을 쓰세요.

초등학생이 쓴 앞의 글에서 글쓴이의 생각과 마음을 나타낸 내용을 모두 지우면 이런 글이 됩니다.

엊저녁에 아빠께서 아이스크림 한 통을 집에 사 오셨다. 나는 앉은 자리에서 그 아이스크림 한 통을 먹어 치웠다. 그런데 몇 시간이 지나서 문제가 생겼다. 내 아랫배가 살살 아파 왔다. 배탈이 난 것이었다. 나는 밤사이 화장실을 네 번이나 다녀왔다.

이 글에는 말 그대로, 겪은 일만 쓰여 있습니다. 그래서 글쓴이의 생각과 마음이 표현된 글에 비해 재미가 없습니다. 이렇게 글쓴이의 생각과 마음의 표현이 없는 글은 글쓴이 스스로가 자신의 생각과 느낌을 닫아두고 쓴 것입니다. 하지만 누구나 생각하고 느끼며 살아갑니다. 문득문득 드는 생각과 느낌을 글에서도 잘 표현할 줄 안다면 그 아이의 마음은 빨리 성장할 것입니다.

15 이야기 속의 인물

나무 문해력 익히기
□에 알맞은 말을 쓰세요.

이솝 우화의 「여우와 포도」
이야기 속에서 '인물'이란 무엇인가
「여우와 포도」에서 인물이 한 행동과 말
여우가 투덜거린 까닭

이해하기 1
이솝 우화의 「여우와 포도」에 나오는 인물은 누구인가요? □에 쓰세요.

여우

이해하기 2
「여우와 포도」에서 여우가 한 행동이 아닌 문장에 밑줄 치세요.

여우가 먹을 것을 찾아다녔다.
여우가 포도나무를 발견했다.
<u>여우가 포도를 먹으려고 말했다.</u>
여우가 포도나무를 떠났다.

판단하기
「여우와 포도」에서 여우가 투덜거리며 말한 까닭은 무엇인가요? 그 까닭에 밑줄 치세요.

포도가 익지 않아서
포도나무를 찾지 못해서

포도나무에 포도가 열리지 않아서
<u>포도를 따 먹을 수 없어서</u>

사용하기
아래의 「호랑이와 곶감」에 등장하는 인물들을 괄호에 모두 쓰세요.

마을에 내려온 호랑이가 우는 아이를 달래는 어머니의 말소리를 엿들었다. 어머니가 말했다. "호랑이 왔다. 울지 마라." 그래도 아이는 계속 울었다. 그러자 어머니가 다시 말했다. "곶감 봐라. 울지 마라." 아이가 울음을 그쳤다. 호랑이는 생각했다. '곶감? 곶감이 나보다 무서운 녀석인가 보군.' 그러고는 곧바로 달아났다.

호랑이, 어머니, 아이

참여하기
「여우와 포도」에서 가장 중요한 내용은 어느 장면에 있을까요? 그 장면을 보기에서 골라 밑줄 치세요. 그리고 그렇게 생각한 까닭을 간단히 쓰세요.

포도나무를 발견했다.
포도까지 닿을 수 없었다.
"저 포도는 어차피 신 포도일 거야!"
투덜거리며 포도나무를 떠났다.

이솝 우화는 짧고 간단한 이야기를 통하여 독자에게 교훈과 지혜를 줍니다. 「여우와 포도」도 마찬가지입니다. 여우는 배고팠고, 포도를 발견했고, 포도를 따

먹으려고 애썼습니다. 하지만 결국 실패했습니다. 여우는 실패한 까닭이 자기 능력이 부족했기 때문이라고 생각하고 싶지 않았습니다. 그래서 여우는 포도를 땄더라도 그 포도는 먹을 만한 포도가 아닐 거라고 믿고 싶었습니다. 그래야 당장 불쾌한 자기 마음을 달랠 수 있었던 것입니다. 이 이야기의 작가인 이솝은 바로 그 점을 말하고 싶었습니다. 어떤 사람들은 일에 실패했을 때 그 이유를 사실과 다르게 말하기도 한다는 점을 작가는 말하고 싶었던 것입니다. 그러므로 「여우와 포도」에서 가장 중요한 내용은 여우의 투덜거리는 말에 있습니다.